Matemáticas 4º ESO
10. Geometría métrica

José Rodolfo Das López

Matemáticas 4º ESO - 10. Geometría Métrica
© José Rodolfo Das López, 2018.
Correo Electrónico: `jose.das@jrdas.org`
Diseño portada y contraportada: Claudia Escribano Máñez
Edita: Sección del IES Fernando III de Ayora en Jalance

ISBN: 978-84-17613-10-5
Depósito Legal: V-1623-2018
1ª edición: Junio, 2018

Índice

Índice	**3**
1 Vectores	**5**
2 Coordenadas de un vector	**14**
3 Aplicaciones de los vectores	**24**
4 Elementos de la recta	**33**
5 Ecuaciones de la recta	**46**
6 Posiciones relativas de dos rectas	**66**
Soluciones	**82**

El concepto de vector no llamó la atención de los matemáticos hasta principios del siglo XIX, a pesar de que desde finales del siglo XIX la idea de vector se utilizaba en física para representar fuerzas y velocidades. En 1832, un matemático italiano llamado Giusto Bellavitis definió una teoría de equipolencias con cantidades dirigidas que constituye el cálculo vectorial actual. Posteriormente, Hamilton (al que se debe la palabra vector) y Grassmann desarrollaron en sus trabajos los inicios de lo que actualmente es la teoría de los espacios vectoriales.

1 Vectores

Dos puntos del plano, A y B, determinan un vector fijo, $\vec{AB}$. El punto A se denomina origen, y el punto B, extremo. Un vector fijo $\vec{AB}$ se caracteriza por los siguientes elementos:

- Módulo. Es la longitud del segmento $\overline{AB}$.

- Dirección. Es la dirección de la recta que contiene el vector.

- Sentido. Es el que va de A a B.

Dos vectores fijos $\vec{AB}$ y $\vec{CD}$ son equipolentes si tienen el mismo módulo, la misma dirección y el mismo sentido.

Ejercicio resuelto 1.1

Indica si los vectores siguientes son equipolentes con $\vec{AB}$. En caso contrario, di porqué.

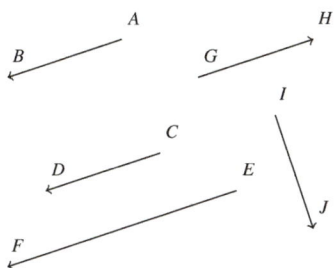

- $\vec{AB}$ y $\vec{CD}$ son equipolentes.
- $\vec{AB}$ y $\vec{EF}$ no son equipolentes porque tienen distinto módulo.
- $\vec{AB}$ y $\vec{GH}$ no son equipolentes porque tienen distinto sentido.
- $\vec{AB}$ e $\vec{IJ}$ no son equipolentes porque tienen distinta dirección.

Un vector libre es el conjunto de todos los vectores fijos equipolentes entre sí.

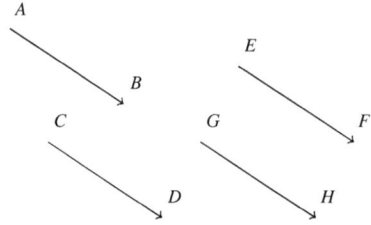

Aquí se representa un ejemplo de vector libre. Cualquiera de los vectores del conjunto puede ser representante del vector libre. Los vectores libres se designan con letras minúsculas sobre las que se coloca una flecha: $\vec{u}$.

$$\vec{u} = \{\overrightarrow{AB}, \overrightarrow{CD}, \overrightarrow{EF}, \overrightarrow{GH}, \dots\}$$

El vector nulo, $\vec{0}$, es el vector libre cuyos representantes cumplen que el extremo coincide con el origen:

$$\vec{0} = \{\overrightarrow{AA}, \overrightarrow{BB}, \overrightarrow{CC}, \dots\}$$

1.1. Operaciones con vectores libres

Suma de vectores libres. La suma de dos vectores libres, $\vec{u}$ y $\vec{v}$, se puede hacer de dos formas, según qué vectores fijos se elijan para representar a cada uno de ellos:

- El origen de uno coincide con el extremo del otro.

  El vector fijo que tiene origen en el origen del primero, A, y extremo en el extremo del segundo, C, representa al vector suma. Si $\vec{u} = \overrightarrow{AB}$, $\vec{v} = \overrightarrow{BC}$, $\vec{w} = \overrightarrow{AC}$, entonces

  $$\vec{u} + \vec{v} = \vec{w}$$

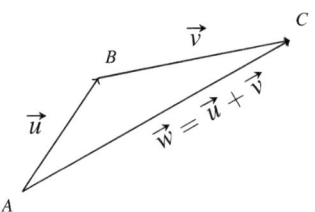

- Los dos tienen el origen común.

  Se traza el paralelogramo cuyos vértices son A, B, C y P. El vector fijo que tiene origen en A y extremo en P representa al vector suma: Si $\vec{u} = \overrightarrow{AB}, \vec{v} = \overrightarrow{AC}, \vec{w} = \overrightarrow{AP}$, entonces $\vec{u} + \vec{v} = \vec{w}$.

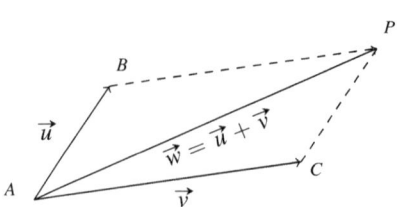

Diferencia de vectores libres El vector opuesto de un vector $\vec{u}$ es el vector que tiene su mismo módulo, su misma dirección y el sentido contrario. Se representa por $-\vec{u}$. La diferencia de los vectores $\vec{u}$ y $\vec{v}$ es el vector que resulta al sumar al vector $\vec{u}$ el opuesto del vector $\vec{v}$,

$$\vec{u} - \vec{v} = \vec{u} + (-\vec{v})$$

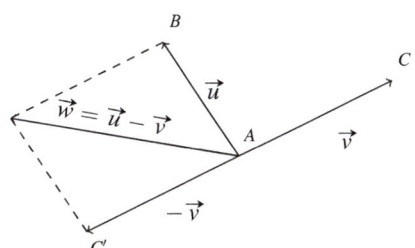

Producto de un vector libre por un número El producto de un número, k, por un vector libre, $\vec{u}$, es el vector libre que tiene la misma dirección y sentido que $\vec{u}$, si k es positivo, pero sentido contrario si k es negativo, y cuyo módulo resulta de multiplicar el módulo de $\vec{u}$ por k.

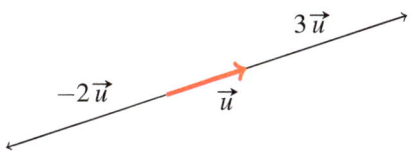

Ejercicios

1. Indica cuáles de los siguientes vectores tienen el mismo módulo, cuáles tienen la misma dirección y cuáles el mismo sentido:

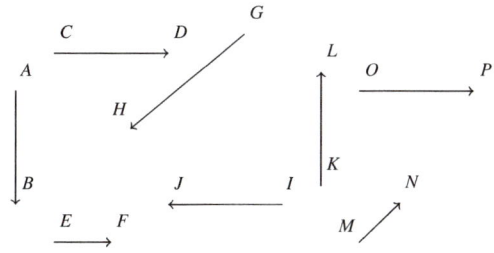

2. Indica cuál es el único par de vectores equipolentes de la actividad anterior.

3. Dibuja un rombo y nombra los vértices consecutivos con las letras A, B, C y D. Dibuja y nombra los vectores que resultan al realizar las siguientes operaciones:

(a) $\vec{AB}+\vec{BC}$

(b) $\vec{BC}-\vec{AD}$

(c) $\vec{AB}+\vec{CD}$

(d) $2\vec{AB}-2\vec{BC}$

(e) $\vec{CB}-\vec{DC}$

(f) $\vec{AB}+\vec{DC}$

(g) $2\vec{DB}+\vec{BA}$

4. ¿Qué diferencia hay entre la dirección y el sentido de un vector?

5. Razona si las siguientes afirmaciones son verdaderas o falsas:

(a) Si dos vectores tienen la misma dirección y el mismo sentido, el módulo de la suma es igual a la suma de los módulos.

(b) No es posible que la suma de dos vectores sea el vector nulo.

(c) El producto de un número por un vector, $\vec{u}$, es otro vector que tiene la misma dirección y el mismo sentido que $\vec{u}$.

(d) Es posible que la diferencia de dos vectores con distinta dirección sea el vector nulo.

6. Dados los siguientes vectores:

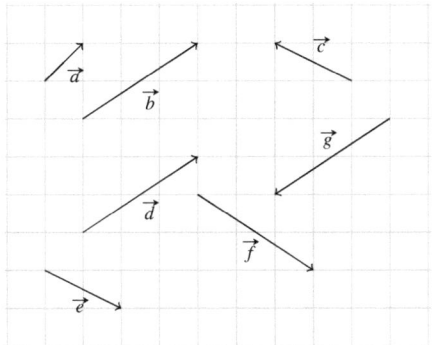

(a) Indica cuáles de ellos representan el mismo vector libre.

(b) ¿Cuáles son opuestos?

(c) ¿Cuáles tienen el mismo módulo y distinta dirección?

(d) ¿Cuáles tienen la misma dirección y distinto sentido?

7. Forma, con los puntos de la figura, un vector que cumpla lo que se indica en cada apartado:

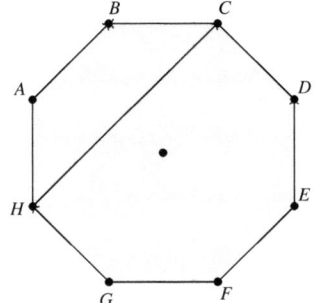

(a) Equipolente al vector $\vec{AB}$.

(b) Representa el mismo vector libre que el vector $\vec{HC}$.

(c) Tiene el mismo módulo, la misma dirección y el mismo sentido que $\vec{CB}$.

(d) Representa al vector libre opuesto al vector libre representado por $\vec{GH}$.

(e) Tiene el mismo módulo, la misma dirección y sentido contrario al $\vec{ED}$.

(f) ¿Son equipolentes los vectores $\vec{AB}$ y $\vec{BA}$? ¿Por qué?

8. Realiza gráficamente las operaciones indicadas en cada uno de los apartados:

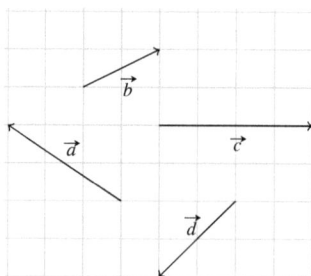

(a) $\vec{a} + 2\vec{b}$ | (b) $3\vec{c} - \vec{d}$ | (c) $\frac{1}{2}\vec{b} + \vec{c}$ | (d) $2\vec{c} - 3\vec{b}$

9. Teniendo en cuenta que el hexágono de la figura es regular, dibuja y nombra los vectores que resultan al realizar las siguientes operaciones:

(a) $\vec{u} + \vec{v}$

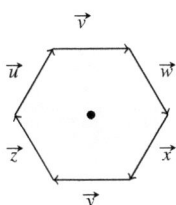

(b) $\vec{u} + \vec{w} + \vec{y}$

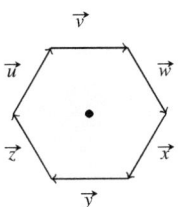

(c) $\vec{u} + \vec{v} + \vec{w} - \vec{x}$

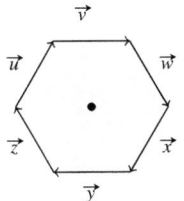

(d) $\vec{v} - \vec{z}$

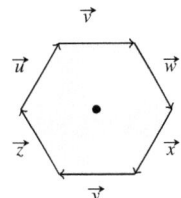

(e) $2\vec{y} - \vec{x}$

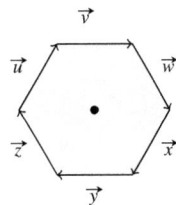

(f) $\vec{z} - 3\vec{x} + \vec{y}$

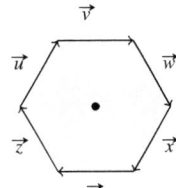

10. En un pentágono regular se consideran todos los vectores que tienen origen en un vértice cualquiera y extremo en otro vértice distinto. ¿Es posible encontrar dos vectores que sean equipolentes?

11. Representa en unos ejes de coordenadas los vectores $\vec{a} = (-2, -3)$ y $\vec{b} = (8, 12)$, $\vec{c} = (-1, 5)$, $\vec{d} = (-8, -12)$, $\vec{e} = (-2, -3)$ y $\vec{f} = (8, 12)$, y contesta las siguientes preguntas:

    (a) ¿Cómo son las coordenadas de los que tienen la misma dirección y el mismo sentido?

    (b) ¿Cómo son las coordenadas de los que tienen la misma dirección y distinto sentido?

12. Expresa los resultados de las operaciones indicadas con algún vector de la siguiente figura:

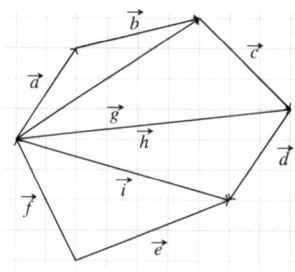

(a) $\vec{a} + \vec{b} =$

(b) $\vec{a} + \vec{b} + \vec{c} =$

(c) $\vec{a} + \vec{b} + \vec{c} + \vec{d} - \vec{e} =$

(d) $\vec{h} - \vec{i} =$

(e) $\vec{i} - \vec{d} =$

(f) $\vec{f} - \vec{e} =$

13. Indica en cada apartado cuál de las dos representaciones gráficas es la correcta:

    (a) $\vec{a} + \vec{b} = \vec{c}$

    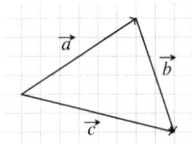 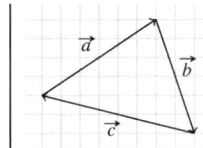

    (b) $\vec{u} + \vec{v} = \vec{w}$

    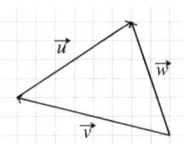 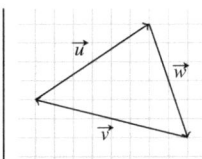

14. En la siguiente figura, busca vectores que cumplan lo que se indica en cada apartado:

    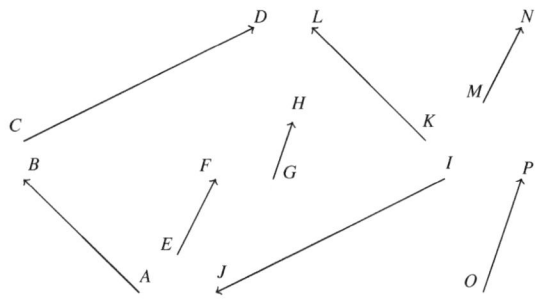

    (a) Dos vectores que tengan el mismo módulo, la misma dirección y distinto sentido.

    (b) Dos pares de vectores equipolentes.

    (c) Dos vectores con la misma dirección, el mismo sentido y distinto módulo.

2 Coordenadas de un vector

2.1. Coordenadas del vector determinado por dos puntos

Dados los puntos $A(a_1, a_2)$ y $B(b_1, b_2)$, las coordenadas del vector fijo $\vec{AB}$ son:

$$\vec{AB} = B - A^1 = (b_1 - a_1, b_2 - a_2)$$

Ejercicio resuelto 2.1

Dibuja el vector que une los puntos $A(-3, 2)$, $B(2, 1)$ y calcula sus coordenadas.

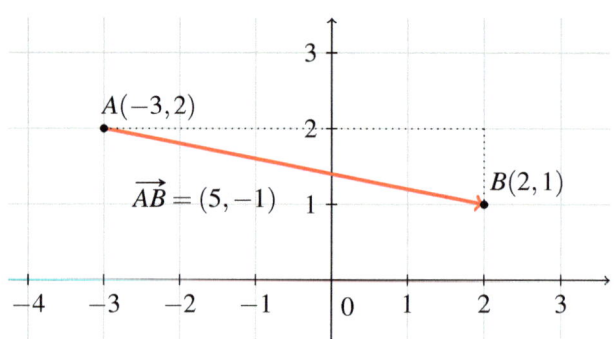

$\vec{AB} = (2 - (-3), 1 - 2) = (5, -1)$.

Observa que las dos coordenadas del vector determinado por dos puntos indican, respectivamente, el desplazamiento horizontal y el vertical para ir del origen al extremo. Por tanto, todos los vectores equipolentes tienen las mismas coordenadas.

Las coordenadas de un vector libre, $\vec{u}$, son las de cualquiera de los vectores fijos que lo representan.

Coordenadas de vectores con la misma dirección. Dos vectores tienen la misma dirección si las coordenadas de uno de ellos se obtienen multiplicando las del otro por un número distinto de cero. Tomamos $\vec{u} = (u_1, u_2)$ y $\vec{v} = (v_1, v_2)$.

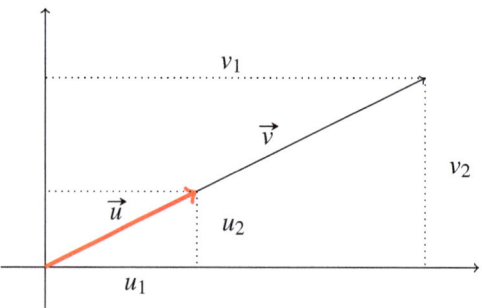

---

[1] Matemáticamente no tiene ningún sentido restar dos puntos. No obstante, a la hora de recordar el cálculo del vector $\vec{AB}$ es una regla útil pensarlo como "punto final menos punto inicial". Para salvar el obstáculo matemático puede pensar se que $\vec{AB} = \vec{OB} - \vec{OA}$ donde las coordenadas de los vectores desde el origen coinciden con las de los puntos A y B.

Observa en la figura que, si $\vec{u}$ y $\vec{v}$ tienen la misma dirección, se forman dos triángulos rectángulos semejantes; por tanto:
$$\frac{u_1}{v_1} = \frac{u_2}{v_2} = k$$
y así,
$$u_1 = kv_1$$
$$u_2 = kv_2$$

De lo anterior también se deduce que dos vectores tienen la misma dirección si $\dfrac{u_2}{u_1} = \dfrac{v_2}{v_1}$.

2.2. Operaciones con vectores libres dados por sus coordenadas

Dados los vectores $\vec{u} = (u_1, u_2)$ y $\vec{v} = (v_1, v_2)$, definimos las siguientes operaciones:

- Suma de vectores
$$\vec{u} + \vec{v} = (u_1, u_2) + (v_1, v_2) = (u_1 + v_1, u_2 + v_2)$$

- Resta de vectores. El vector opuesto al vector $\vec{v} = (v_1, v_2)$ es $-\vec{v} = (-v_1, -v_2)$. Para restar dos vectores se suma al minuendo el opuesto del sustraendo.
$$\vec{u} - \vec{v} = \vec{u} + (-\vec{v}) = (u_1, u_2) + (-v_1, -v_2) = (u_1 - v_1, u_2 - v_2)$$

- Multiplicación de un número por un vector

Sea k un número real:
$$k\vec{u} = k(u_1, u_2) = (ku_1, ku_2)$$

Ejercicio resuelto 2.2

Dados $\vec{u} = (3, 1)$ y $\vec{v} = (1, -2)$, calcula $\vec{u} + \vec{v}$, $\vec{u} - \vec{v}$ y $2\vec{u}$

- $\vec{u} + \vec{v} = (3, 1) + (1, -2) = (3 + 1, 1 + (-2)) = (4, -1)$
- $\vec{u} - \vec{v} = (3, 1) + (-1, 2) = (3 - 1, 1 + 2) = (2, 3)$
- $2\vec{u} = 2(3, 1) = (2 \cdot 3, 2 \cdot 1) = (6, 2)$

Ejercicios

15. Dados los puntos $A(2,3)$, $B(4,1)$, $C(-1,2)$ y $D(2,3)$, calcula las coordenadas del vector indicado en cada caso:

    (a) $\vec{AB} =$

    (b) $\vec{CA} =$

    (c) $\vec{BC} =$

    (d) $\vec{AD} =$

    (e) $\vec{DC} =$

16. ¿Cuáles son las coordenadas del vector nulo?

17. ¿Cómo son entre sí las coordenadas de dos vectores equipolentes?

18. Representa en unos ejes coordenados los vectores que verifican las condiciones indicadas en cada caso:
    (a) Su origen es el punto $A(2,5)$, y su extremo, $B(-1,3)$.
    (b) Sus coordenadas son $(5,2)$, y su origen, $C(3,3)$.
    (c) Sus coordenadas son $(-3,1)$, y su extremo, $E(2,0)$.

19. Halla las coordenadas de los siguientes vectores:

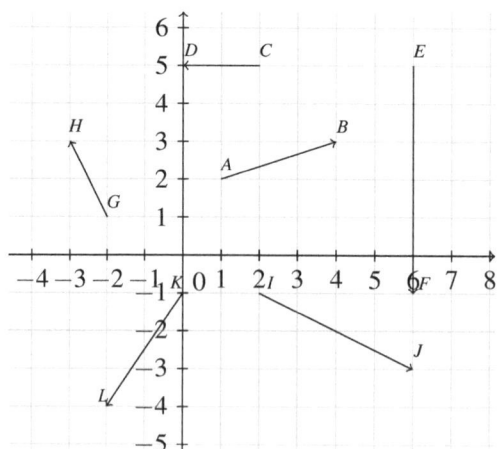

20. Dibuja cinco vectores equipolentes al vector $\vec{AB}$ cuyos orígenes sean, respectivamente, los puntos C, D, E, F y G. ¿Cuáles son las coordenadas de todos estos vectores? Calcula las coordenadas de su extremo.

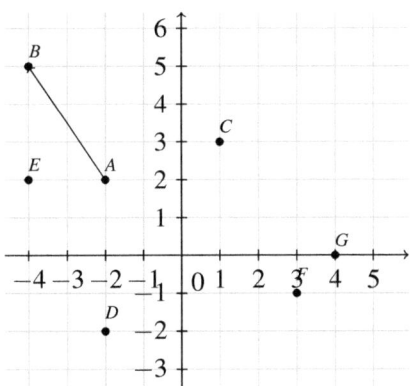

21. Representa los siguientes vectores libres:

    (a) $\vec{a} = (2,3)$
    (b) $\vec{b} = (3,1)$
    (c) $\vec{c} = (-4,0)$
    (d) $\vec{d} = (-2,-3)$
    (e) $\vec{e} = (-2,5)$
    (f) $\vec{f} = (0,2)$

22. Dados estos vectores: $\vec{u} = (-2,3)$, $\vec{v} = (5,2)$ y $\vec{w} = (-2,-4)$, realiza las siguientes operaciones:

    (a) $\vec{u} + \vec{v} =$

    (b) $\vec{u} - \vec{v} =$

    (c) $\vec{v} + \vec{w} =$

    (d) $3\vec{u} =$

    (e) $\vec{u} - \vec{w} =$

    (f) $3\vec{u} - 2\vec{v} =$

(g) $\vec{u} + 2\vec{v} - \vec{w} =$

(h) $3(\vec{u} - 2\vec{v}) =$

(i) $-(\vec{w} - \vec{u}) =$

23. Indica si los vectores dados en cada apartado tienen la misma dirección.

   (a) $\vec{u} = (2, -3)$, $\vec{v} = (6, -9)$

   (b) $\vec{u} = (4, 6)$, $\vec{v} = (10, 15)$

   (c) $\vec{u} = (1, 5)$, $\vec{v} = (-2, -10)$

   (d) $\vec{u} = (6, 2)$, $\vec{v} = (2, 1)$

   (e) $\vec{u} = (4, 7)$, $\vec{v} = (5, 8)$

   (f) $\vec{u} = (0, 8)$, $\vec{v} = (0, 9)$

24. ¿Cuáles son las coordenadas de un vector cuyo origen es el origen de coordenadas y cuyo extremo es un punto cualquiera, $P(a_1, a_2)$?

25. Dados los puntos $A(3,1)$, $B(5,4)$, $C(-2,3)$ y $D(-3,-3)$, calcula las coordenadas de los siguientes vectores:

   (a) $\vec{AB} =$
   (b) $\vec{AC} =$
   (c) $\vec{BC} =$

   (d) $\vec{CB} =$

   (e) $\vec{DA} =$

26. Determina las coordenadas de los vectores representados a continuación:

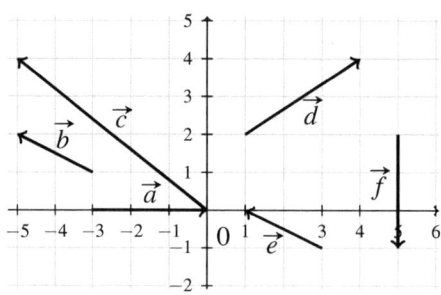

27. Di cuáles de los vectores $\vec{a}=(2,-1)$, $\vec{b}=(-4,2)$, $\vec{c}=\left(1,-\frac{1}{2}\right)$, $\vec{d}=(2,1)$, $\vec{e}=(10,-5)$, cumplen lo que se indica en cada apartado:

    (a) Tienen la misma dirección y el mismo sentido.

    (b) Tienen la misma dirección y distinto sentido.

    (c) Tienen distinta dirección.

28. Dado $\vec{u}=(2,-1)$, calcula en cada caso las coordenadas de dos vectores que cumplen lo que se indica en los siguientes apartados:

    (a) Tienen la misma dirección y sentido que $\vec{u}$.

    (b) Tienen la misma dirección y distinto sentido que $\vec{u}$.

    (c) Tienen distinta dirección que $\vec{u}$.

29. Calcula en cada uno de los apartados el valor de x para que los siguientes pares de vectores tengan la misma dirección:

    (a) $\vec{a}=(2,3)$ y $\vec{b}=(6,x)$

    (b) $\vec{c}=(-3,5)$ y $\vec{d}=(9,x)$

    (c) $\vec{v}=(0,-1)$ y $\vec{u}=(x,5)$

    (d) $\vec{m}=(5,2)$ y $\vec{n}=(x,-1)$

30. Dados los puntos $P(4,1)$ y $Q(3,2)$, representa gráficamente el vector $\vec{PQ}$ y dibuja cuatro vectores equipolentes a $\vec{PQ}$ cuyos orígenes sean $A(-1,-1)$, $B(0,0)$, $C(5,3)$ y $D(0,4)$.

31. Calcula en cada caso el valor de x para que los siguientes vectores tengan la misma dirección:

    (a) $\vec{u} = (1,-6)$, $\vec{v} = (6,x)$

    (b) $\vec{u} = (-4,-2)$, $\vec{v} = (x,1)$

    (c) $\vec{u} = (15,x)$, $\vec{v} = (-6,4)$

    (d) $\vec{u} = (x,-8)$, $\vec{v} = (16,1)$

32. Facilitados los siguientes puntos $A(2,5)$, $B(-1,3)$ y $C(3,6)$, calcula las coordenadas del punto P para que los pares de vectores indicados en cada apartado sean equipolentes:

    (a) $\vec{AB}$ y $\vec{CP}$

    (b) $\vec{CA}$ y $\vec{BP}$

    (c) $\vec{BC}$ y $\vec{AP}$

    (d) $\vec{AC}$ y $\vec{PB}$

33. Calcula lo que se indica en cada uno de los siguientes apartados:

(a) A si $\vec{AB} = (7,4)$ y $B(5,3)$.

(b) B si $\vec{AB} = (-2,-1)$ y $A(-3,2)$.

(c) $\vec{AB}$ si $\vec{AB}$ es equipolente al vector $\vec{CD} = (6,-1)$.

(d) B si $A(2,0)$ y $\vec{AB}$ es equipolente a $\vec{CB} = (-4,4)$.

(e) A si $B(3,-2)$ y $\vec{AB}$ es equipolente a $\vec{CD} = (-1,1)$.

34. Dados los vectores $\vec{u}$, $\vec{v}$ y $\vec{w}$, calcula las coordenadas de los vectores resultantes de las operaciones indicadas:

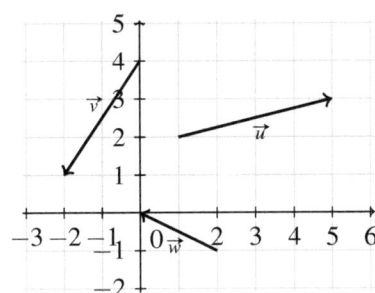

(a) $\vec{u} + \vec{v} =$

(b) $\vec{v} + \vec{w} =$

(c) $2\vec{u} - 3\vec{v} =$

(d) $\frac{1}{2}\vec{u} - \frac{1}{2}\vec{v} =$

(e) $\vec{w} + 2\vec{u} - \vec{v} =$

(f) $2(\vec{v} - \vec{w}) =$

35. Dados los vectores $\vec{u} = \left(5, -\frac{1}{3}\right)$, $\vec{v} = \left(-2, -\frac{2}{3}\right)$ y $\vec{w} = (2,6)$, calcula:

(a) $\vec{u} + \vec{v} =$

(b) $\vec{v} - \vec{u} =$

(c) $-5\vec{u} =$

(d) $3\vec{v} - 2\vec{u} =$

(e) $\vec{u} + \vec{v} + \vec{w} =$

(f) $2(\vec{u} - \vec{v}) =$

(g) $\vec{u} - \vec{v} - \vec{w} =$

(h) $3\vec{u} - 2\vec{v} + \vec{w} =$

(i) $5(\vec{u} - \vec{v}) - 2\vec{w} =$

36. Estudia en cada caso si uniendo consecutivamente los puntos A, B, C y D se forma un paralelogramo:

(a) $A(-2,-1)$, $B(-4,2)$, $C(0,1)$, $D(2,-2)$

(b) $A(-3,2)$, $B(1,4)$, $C(-2,-2)$, $D(-1,1)$

37. Determina en cada uno de los siguientes apartados las coordenadas del punto D de forma que los puntos $A(-2,-2)$, $B(-3,2)$, $C(1,4)$ y D, determinen los vértices de un paralelogramo.

    (a) El vértice D es el opuesto del vértice B.

    (b) El vértice D es el opuesto del vértice C.

38. Dados los puntos $P(-1,3)$, $Q(4,0)$ y $R(3,-5)$, calcula las coordenadas de los siguientes vectores:

    (a) $\overrightarrow{OP} =$

    (b) $\overrightarrow{PR} =$

    (c) $\overrightarrow{QR} =$

    (d) $\overrightarrow{PQ} =$

39. Dado el punto $P(-2,5)$, calcula las coordenadas del punto Q para que el vector $\overrightarrow{PQ}$ sea el que se indica en cada caso:

    (a) $\overrightarrow{PQ} = (4,-3)$

    (b) $\overrightarrow{PQ} = (-1,9)$

    (c) $\overrightarrow{PQ} = (0,2)$

    (d) $\overrightarrow{PQ} = (7,0)$

3 Aplicaciones de los vectores

Módulo de un vector. El módulo del vector $\vec{u} = (a,b)$ es igual a la raíz cuadrada positiva de la suma de los cuadrados de sus coordenadas. Se representa como $|\vec{u}|$:

$$|\vec{u}| = \sqrt{a^2 + b^2}$$

En esta figura se comprueba que la expresión del módulo de un vector se justifica por el teorema de Pitágoras:

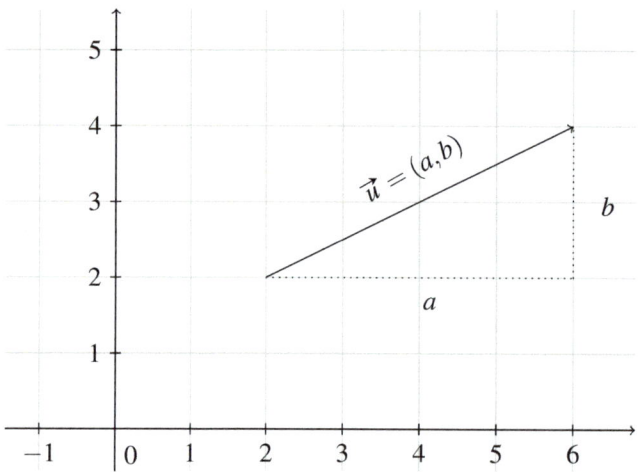

Ejercicio resuelto 3.1

Calcula el módulo del vector $(4,-6)$.

El módulo del vector $(4,-6)$ es:

$$|\vec{u}| = |(4,-6)| = \sqrt{4^2 + (-6)^2} = \sqrt{52} = 2\sqrt{13} \text{ unidades}$$

Distancia entre dos puntos. La distancia entre dos puntos, $A(a_1,a_2)$ y $B(b_1,b_2)$, es igual al módulo del vector $\vec{AB}$.

$$d(A,B) = |\vec{AB}| = \sqrt{(b_1-a_1)^2 + (b_2-a_2)^2}$$

Ejercicio resuelto 3.2

Calcula la distancia entre los puntos $P(3,-2)$ y $Q(4,1)$.

La distancia entre los puntos $P(3,-2)$ y $Q(4,1)$ es:

$$d(P,Q) = |\vec{PQ}| = |(4-3, 1-(-2))| = |(1,3)| = \sqrt{1^2 + 3^2} = \sqrt{10} \text{ unidades}$$

3.1. Punto medio de un segmento

Las coordenadas de M, punto medio del segmento $\overline{AB}$, con $A(a_1,a_2)$ y $B(b_1,b_2)$, son:

$$M\left(\frac{a_1+b_1}{2},\frac{a_2+b_2}{2}\right)$$

Si $M(x,y)$ es el punto medio del segmento AB, se cumple lo siguiente:

$$\overrightarrow{AM}=\frac{1}{2}\overrightarrow{AB}$$

Entonces,

$$(x-a_1,y-a_2)=\frac{1}{2}(b_1-a_1,b_2-a_2)=\left(\frac{b_1-a_1}{2},\frac{b_2-a_2}{2}\right)$$

Igualando componente a componente:

$$\left.\begin{array}{l}x-a_1=\frac{b_1-a_1}{2}\\y-a_2=\frac{b_2-a_2}{2}\end{array}\right\}=\left.\begin{array}{l}2(x-a_1)=b_1-a_1\\2(y-a_2)=b_2-a_2\end{array}\right\}=\left.\begin{array}{l}2x-2a_1=b_1-a_1\\2y-2a_2=b_2-a_2\end{array}\right\}$$

$$=\left.\begin{array}{l}2x=b_1+a_1\\2y=b_2+a_2\end{array}\right\}=\left.\begin{array}{l}x=\frac{b_1+a_1}{2}\\y=\frac{b_2+a_2}{2}\end{array}\right\}$$

por lo tanto, $M\left(\frac{a_1+b_1}{2},\frac{a_2+b_2}{2}\right)$

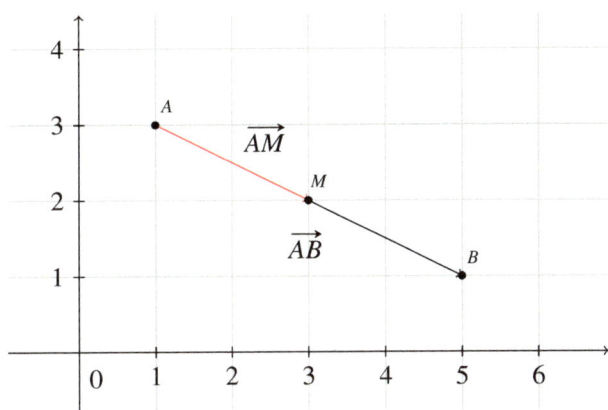

Ejercicio resuelto 3.3

Calcula el punto medio del segmento que une los puntos $A(-6,2)$ y $B(-2,0)$.

Conocidos los extremos, calculamos el punto medio, M, del segmento AB:

$$M\left(\frac{-6+(-2)}{2},\frac{2+0}{2}\right)=(-4,1)$$

Ejercicios

40. Calcula el módulo de los siguientes vectores:

(a) $\vec{a} = (2,5)$

(b) $\vec{b} = (2,-4)$

(c) $\vec{c} = (-3,-3)$

(d) $\vec{d} = (-1,3)$

(e) $\vec{e} = (0,-6)$

(f) $\vec{f} = (4,0)$

41. Dados los puntos $A(2,3)$, $B(-2,-3)$ y $C(5,-1)$, calcula el módulo de los siguientes vectores:

    (a) $\vec{AB}$

    (b) $\vec{AC}$

    (c) $\vec{BC}$

    (d) $\vec{CA}$

42. Dados los puntos $A(0,6)$, $B(-2,5)$ y $C(3,-1)$, calcula las siguientes distancias:

    (a) $d(A,B)$

    (b) $d(A,C)$

    (c) $d(B,C)$

43. Representa gráficamente el paralelogramo cuyos vértices consecutivos son $A(-2,0)$, $B(-1,4)$, $C(3,2)$ y $D(2,-2)$. Calcula su perímetro.

44. Dados los siguientes puntos, calcula la distancia indicada en cada apartado:

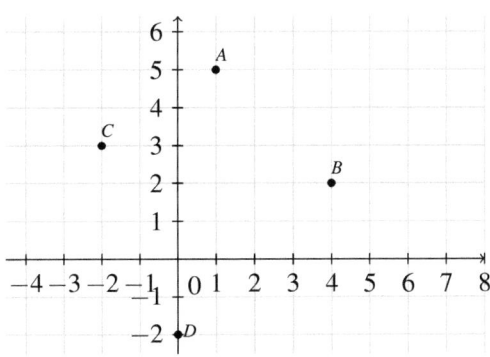

(a) $d(A,B)$

(b) $d(A,C)$

(c) $d(B,C)$

(d) $d(B,D)$

45. Dado el triángulo de vértices $A(-1,3)$, $B(2,1)$ y $C(-2,-1)$, calcula:

   (a) Las coordenadas de los vértices del triángulo que se forma al unir los puntos medios de los lados del triángulo ABC.

   (b) La longitud de los lados de los dos triángulos.

46. Si $A(-2,-3)$, $B(3,-1)$ y $C(5,4)$ son tres vértices consecutivos de un paralelogramo, calcula las coordenadas del cuarto vértice.

47. Describe cómo son los módulos de los vectores opuestos.

48. Estudia en cada caso si el triángulo formado por los siguientes puntos, ABC, es isósceles:

    (a) $A(-2,1), B(1,6), C(4,1)$

    (b) $A(3,1), B(5,8), C(7,-1)$

49. Calcula en cada caso las coordenadas del punto medio del segmento AB.

    (a) $A(1,3), B(3,5)$

    (c) $A(2,3), B(5,1)$

    (b) $A(-5,0), B(-2,-4)$

    (d) $A(0,0), B(7,0)$

50. Calcula las coordenadas del punto Q, si M es en cada caso el punto medio del segmento PQ:

    (a) $P(3,2), M(5,5)$

    (c) $P(-5,1), M\left(\frac{1}{2},\frac{3}{2}\right)$

    (b) $P(2,-4), M(0,0)$

    (d) $P\left(-\frac{8}{3},\frac{5}{2}\right), M(-3,2)$

51. Demuestra que el triángulo cuyos vértices son $A(-2,-1)$, $B(4,2)$ y $C(6,-2)$ es rectángulo. (Ayuda: un triángulo es rectángulo si sus lados cumplen el teorema de Pitágoras.)

52. Halla el módulo de las siguientes expresiones si sabemos que $\vec{u} = (3,6)$, $\vec{v} = (2,-3)$ y $\vec{w} = \left(\frac{1}{2}, \frac{3}{5}\right)$

   (a) $\vec{u} + \vec{v}$

   (b) $2\vec{u} - \vec{v}$

   (c) $\vec{u} + \vec{v} - \vec{w}$

   (d) $-\vec{w}$

53. Calcula el módulo de los vectores $\vec{a}$, $\vec{b}$, $\vec{c}$, y $\vec{d}$ de la figura:

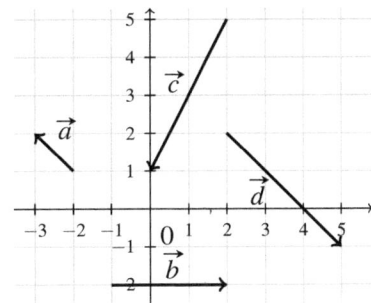

54. Calcula en cada caso los valores de x para que el módulo del vector $\vec{u}$ sea el indicado:

   (a) $\vec{u} = (2,x)$, $|\vec{u}| = 5$ unidades.

   (b) $\vec{u} = (x,-3)$, $|\vec{u}| = \sqrt{13}$ unidades.

   (c) $\vec{u} = (20,x)$, $|\vec{u}| = 841$ unidades.

   (d) $\vec{u} = (x,0)$, $|\vec{u}| = 3$ unidades.

55. Calcula la distancia de los puntos A, B, C, D y E al punto $P(-3,-1)$:

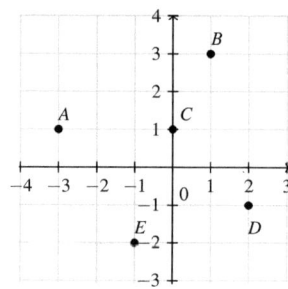

56. Calcula en cada caso los valores de x para que la distancia entre los puntos A y B sea la indicada:

   (a) $A(-2,5)$, $B(x,1)$, $d(A,B) = 5$ unidades.

   (b) $A(8,x)$, $B(-4,-5)$, $d(A,B) = 13$ unidades.

57. Demuestra que los puntos $A(2,3)$, $B(5,0)$ y $C(-1,0)$ pertenecen a una circunferencia de centro $P(2,0)$ y determina el radio de dicha circunferencia.

58. Halla en cada caso las coordenadas del punto medio del segmento AB:

    (a) $A(-1,3)$, $B(-3,-5)$

    (b) $A(-7,-1)$, $B(-2,7)$

    (c) $A(2,8)$, $B(-1,5)$

    (d) $A(7,1)$, $B(2,-7)$

59. Halla las coordenadas de M si el punto simétrico de $A(5,-2)$ respecto de M es $B(-3,-4)$.

60. Dados los puntos $A(-1,-2)$ y $B(2,1)$, halla las coordenadas del punto simétrico:

    (a) De A respecto de B.

    (b) De B respecto de A.

61. Determina en cada caso si el triángulo ABC es equilátero, isósceles o escaleno:

    (a) $A(-3,-2)$, $B(3,2)$, $C(-5,5)$

    (b) $A(1,3)$, $B(6,8)$, $C(2,-4)$

(c) $A(-3,0)$, $B(3,0)$, $C(0,\sqrt{27})$

62. Dados los vectores $\vec{u} = (-1,-2)$, $\vec{v} = (4,-3)$ y $\vec{w} = (2,6)$, calcula las coordenadas de los vectores que resultan de operar:

   a) $\vec{u} + \vec{v} + \vec{w} =$

   b) $\vec{v} - \vec{w} - \vec{u} =$

   c) $-3\vec{v} + \vec{w} =$

   d) $2\vec{u} + 4\vec{w} =$

63. Calcula en cada caso el módulo del vector $\vec{u}$:

   (a) $\vec{u} = (2,0)$

   (b) $\vec{u} = (5,-10)$

   (c) $\vec{u} = (-1,3)$

   (d) $\vec{u} = (-4,-3)$

64. Calcula en cada caso la distancia entre P y Q y el punto medio del segmento PQ:

   (a) $P(-2,-2)$, $Q(1,0)$

   (b) $P(1,2)$, $Q(3,6)$

   (c) $P(4,3)$, $Q(-5,8)$

   (d) $P(6,9)$, $Q(-1,-2)$

65. Comprueba en cada caso si el triángulo ABC es rectángulo. Calcula su perímetro y su área.

(a) $A(4,3), B(-2,2), C(5,-3)$ | (b) $A(0,-2), B(4,-6), C(7,5)$

66. Consideremos el cuadrilátero cuyos vértices consecutivos son $A(-4,4)$, $B(1,9)$, $C(2,2)$ y $D(-3,-3)$:

    (a) ¿Qué clase de cuadrilátero es?

    (b) Calcula las longitudes de sus lados y de sus diagonales.

    (c) Halla las coordenadas del punto de intersección de dichas diagonales.

67. Calcula las longitudes de los segmentos interiores de las medianas del triángulo de vértices $A(-3,-1)$, $B(1,2)$ y $C(4,-2)$.

4 Elementos de la recta

El estudio de las propiedades geométricas de figuras planas por medio de coordenadas fue iniciado por los matemáticos griegos Menecmo y Apolonio, que definían los puntos de la figura por medio de sus distancias a ciertos ejes, con lo que obtenían una ecuación. Esta unión entre el álgebra y la geometría se vio dificultada por la deficiente notación algebraica utilizada por los griegos. Dieciocho siglos después, un matemático francés llamado René Descartes estudió algunos de los problemas geométricos planteados por los griegos y tuvo la idea de utilizar un sistema de ejes de coordenadas para resolver dichos problemas. En su honor, ese sistema de ejes fue bautizado con el nombre de ejes cartesianos, denominación que se mantiene vigente desde entonces.

4.1. Determinación lineal de una recta

Determinar una recta del plano consiste en indicar un conjunto de características de manera que haya una recta, y solo una, que las cumpla. Hay varias formas de hacerlo. Una de ellas es dar uno de los puntos por los que pasa la recta y la dirección que debe tener esta.

Una determinación lineal de una recta está formada por un punto que pertenece a la recta y un vector que tiene la dirección de la recta. El vector recibe el nombre de vector director de la recta.

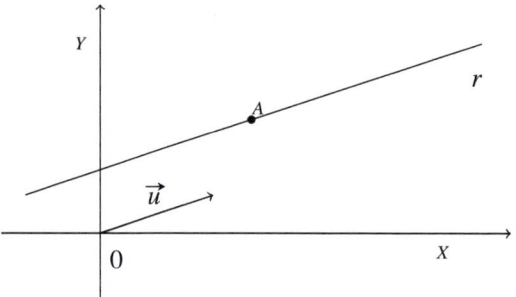

Si $(A, \vec{u})$ es la determinación lineal de r, entonces:

- $A \in r$

- $\vec{u}$ tiene la dirección de r.

Una recta tiene infinitas determinaciones lineales, ya que se puede tomar cualquiera de sus puntos y cualquiera de los vectores que tengan la misma dirección.

Ejercicio resuelto 4.1

Establece dos determinaciones lineales de la recta representada.

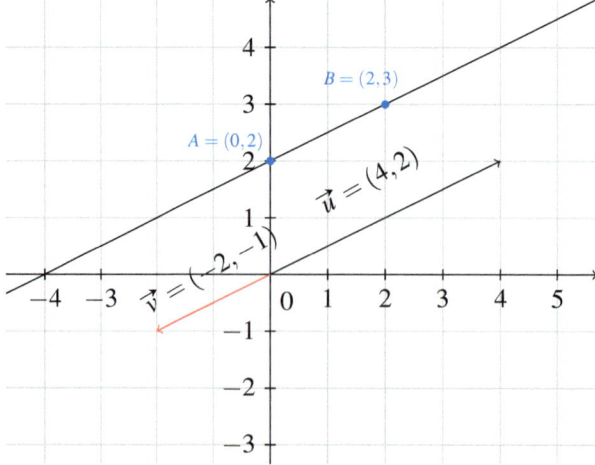

$(A, \vec{u})$ y $(B, \vec{v})$ son dos determinaciones lineales distintas de la misma recta r.

Pendiente de una recta   La pendiente de una recta es la tangente del ángulo que forman el semieje positivo de abscisas y la recta, medido en sentido positivo. Se representa por la letra m.

$$m = \tan \alpha$$

Observa que si $\vec{u} = (u_1, u_2)$ es un vector director de la recta, entonces:

$$m = \tan \alpha = \frac{u_2}{u_1}$$

La pendiente de una recta mide su inclinación y es igual al cociente entre la segunda y la primera coordenada de cualquiera de sus vectores directores.

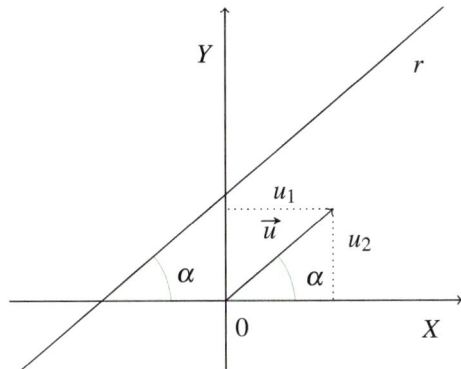

Rectas paralelas al eje Y.   Cualquier recta paralela al eje Y tiene a $\vec{u} = (0,1)$ como vector director. Si tratamos de calcular su pendiente, obtenemos $\frac{1}{0}$ que no existe; por tanto, la pendiente de estas rectas no se puede calcular.

Otras determinaciones de una recta.   Además de la determinación lineal, hay otras formas de determinar una recta. A partir de ellas se puede obtener la correspondiente determinación lineal:

- Dados dos puntos.

  Una recta, r está determinada por dos puntos, A y B, por los que pasa. Una determinación lineal de r puede ser $(A, \vec{AB})$ ya que AB tiene la misma dirección que r.

- Dados un punto y la pendiente.

  Una recta, r, está determinada por un punto, A, por el que pasa, y por su pendiente, m. Una determinación lineal de r puede ser $(A, \vec{u})$, donde $\vec{u}$:

$$\vec{u} = (u_1, u_2), \text{ tal que } \frac{u_2}{u_1} = m$$

Cuando buscamos un vector $u = (u_1, u_2)$ tal que $\frac{u_2}{u_2} = m$, es fácil determinarlo tomando $u_1 = 1$ y $u_2 = m$, es decir, $u = (1, m)$, ya que $\frac{m}{1} = m$.

Ejercicio resuelto 4.2

Consideremos la recta r, que pasa por los puntos A(2,6) y B(0,3). Halla una determinación lineal de la misma.

Una determinación lineal de *r* puede ser $(A, \vec{AB})$, donde $A(2,6)$ y $\vec{AB} = (0,3) - (2,6) = (-2,-3)$.

Ejercicio resuelto 4.3

Consideremos la recta r, que pasa por el punto $A(1,-2)$ y tiene pendiente $m = -4$. Halla una determinación lineal de la misma.

Una determinación lineal de *r* puede ser $(A, \vec{u})$, donde $A(1,-2)$ y $\vec{u} = (1,-4)$, ya que $\frac{-4}{1} = -4 = m$.

Ejercicios

68. Representa gráficamente las rectas que tienen cada una de las siguientes determinaciones lineales:

(a) $A(5,-1)$, $\vec{u} = (3,2)$

(c) $A(-3,-5)$, $\vec{u} = (5,-1)$

(b) $A(-3,-3)$, $\vec{u} = (-2,1)$

(d) $A(-6,3)$, $\vec{u} = \left(-\frac{1}{2},3\right)$

69. Calcula una determinación lineal de las rectas representadas en las siguientes gráficas:

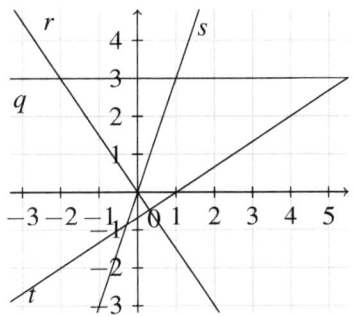

70. Escribe una determinación lineal de:

    (a) El eje X.

    (b) La bisectriz del primer cuadrante.

    (c) El eje Y.

    (d) La bisectriz del segundo cuadrante.

71. Escribe una determinación lineal y representa la recta que cumple las condiciones de cada apartado:

    (a) Pasa por $A(5,-4)$ y su dirección es la de $\vec{u}=(-2,-1)$.

(b) Pasa por los puntos $D(2,4)$ y $B(-3,6)$.

(c) Pasa por $C(3,-2)$ y su pendiente es $m=2$.

72. Halla la pendiente de la recta que pasa por los puntos indicados:

    (a) $A(5,-2)$, $B(3,1)$

    (b) $A(4,3)$, $B(-2,-3)$

73. Señala un vector director de la recta cuya pendiente se indica en cada apartado:

    (a) $m = \frac{1}{3}$

    (b) $m = -2$

    (c) $m = 0$

    (d) $m = -\frac{3}{5}$

74. Calcula en cada caso la pendiente de la recta que tiene la dirección del vector $\vec{u}$:

    (a) $\vec{u} = (-2,5)$

    (b) $\vec{u} = (3,0)$

(c) $\vec{u} = (4, -10)$

(e) $\vec{u} = \left(-\frac{2}{7}, \frac{1}{7}\right)$

(d) $\vec{u} = \left(\frac{1}{5}, -\frac{1}{3}\right)$

(f) $\vec{u} = \left(5, \frac{1}{6}\right)$

75. ¿Es posible que una recta tenga dos determinaciones lineales distintas? ¿Y dos pendientes?

76. ¿Cuáles de las siguientes rectas tienen la misma pendiente? ¿Cómo son sus vectores directores?

   (a) $A(3,5)$, $\vec{u} = (2,-1)$

   (c) $B(-1,3)$, $\vec{v} = (-2,1)$

   (b) $C(3,5)$, $\vec{w} = (4,3)$

   (d) $D(2,7)$, $\vec{a} = (-8,4)$

77. Calcula tres puntos de cada una de las siguientes rectas:

   (a) $2x - y + 5 = 0$

   (c) $x + 7y - 2 = 0$

   (b) $y = -x + 2$

   (d) $y = \frac{x+3}{2}$

78. Representa en cada caso una recta que pase por A y tenga la misma dirección que $\vec{u}$. ¿Cuál es la pendiente de cada recta?

(a) $A(3,1)$, $\vec{u} = (1,0)$

(b) $A(-2,-5)$, $\vec{u} = (0,3)$

(c) $A(-1,5)$, $\vec{u} = (-3,2)$

(d) $A(2,-1)$, $\vec{u} = (-2,-3)$

79. Calcula la pendiente de la recta cuyo vector director es $\vec{u}$:

(a) $\vec{u} = (3,-1)$

(b) $\vec{u} = (-3,5)$

(c) $\vec{u} = (2,6)$

(d) $\vec{u} = (-4,-6)$

80. Halla en cada caso un vector director y la pendiente de la recta que pasa por los puntos A y B indicados:

(a) $A(2,3)$ y $B(-1,5)$

(b) $A(-4,7)$ y $B(2,-3)$

81. Determina un vector director de la recta cuya pendiente es m:

   (a) $m = -1$

   (b) $m = -2$

   (c) $m = 0$

   (d) $m = -3$

82. Calcula el valor de k para que $\vec{u} = (3,k)$ y $\vec{v} = (-9,3)$ sean vectores directores de una misma recta.

83. Halla el valor de k para que la recta que tiene la dirección de $\vec{u} = (2,k)$ tenga pendiente $m = -3$.

84. Si la pendiente de una recta es $m = \frac{k}{2}$, establece el valor de k, sabiendo que un vector director de dicha recta es $\vec{u} = (-4, 10)$.

85. Representa las rectas que cumplen las condiciones que se indican en cada caso. Determina el signo de la pendiente de cada una y relaciónalo con el ángulo que forma la recta con el semieje positivo de abscisas.

   (a) Pasa por $A(3,2)$ y su dirección es la de $\vec{a} = (-2,1)$.

   (b) Pasa por $B(-1,3)$ y su vector director es $\vec{b} = (2,4)$.

(c) Pasa por $P(2,5)$ y $Q(3,2)$.

(d) Pasa por $R(-1,3)$ y $S(4,4)$.

86. Halla una determinación lineal de una recta que pasa por el origen de coordenadas y que forma con el semieje positivo de abscisas el ángulo que se indica en cada caso:

    (a) 45°

    (b) 135°

    (c) 60°

    (d) 150°

87. Determina un punto, un vector y la pendiente de cada una de las rectas:

    (a) $y = 5x + 2$

    (b) $(x,y) = (3,0) + (0,2)t$

    (c) $3x - 2y + 5 = 0$

    (d) $y - 1 = -\frac{2}{5}(x-3)$

    (e) $\begin{cases} x = 3 - 2t \\ y = 2 + t \end{cases}$

    (f) $\frac{x-3}{2} = \frac{y+1}{-1}$

88. Estudia cuáles de las siguientes rectas tienen la misma pendiente:

   (a) $3x+2y+4=0$
   (b) $-3x+2y-3=0$
   (c) $y=-\frac{6}{4}x-5$
   (d) $-3x-2y+5=0$
   (e) $6x-4y+1=0$
   (f) $y=\frac{3}{2}x+2$

89. Indica si el punto A pertenece a la recta r:

   (a) $A(-2,-1)$, $r: -2x+7y+3=0$
   (b) $A(2,-1)$, $r: \frac{x+2}{5}=\frac{y-1}{3}$
   (c) $A(-37,22)$, $r: x=3-5t, y=-2+3t$
   (d) $A(5,-20)$, $r: y=-6x+10$

90. Encuentra tres puntos de cada una de las rectas:

   (a) $\frac{x-5}{2}=\frac{y-3}{-1}$
   (b) $\begin{cases} x=2-3t \\ y=1+2t \end{cases}$
   (c) $2x-2y+3=0$
   (d) $y=5x-1$

91. Dada la recta $x=2-5t$, $y=-3+2t$, calcula los puntos que se obtienen para el valor del parámetro indicado en cada caso:

   (a) $t=0$
   (b) $t=-2$

(c) $t = 5$ | (d) $t = -4$

92. Determina a cuáles de las siguientes rectas pertenece el punto $(0,0)$:

    (a) $5x + 2y - 3 = 0$

    (c) $-x + 7y = 0$

    (b) $3x - 2y + 1 = 0$

    (d) $6x + 5y = 0$

93. Calcula el valor de k para que se verifique lo que se indica en cada caso:

    (a) $A(2,k)$ pertenece a la recta que pasa por $B(1,1)$ y $C(-2,4)$.

    (b) $A(k,-1)$ pertenece a la recta $\frac{x+2}{-8} = \frac{y-1}{2}$.

    (c) $A(k,-4)$ está alineado con $B(-4,2)$ y $C(1,-3)$.

    (d) $A(9,k)$ pertenece a la recta $x - 5y + 1 = 0$.

94. Escribe la ordenada en el origen de estas rectas:

    (a) $y = 3x - 2$

    (b) $y = 5x - 4$

(c) $y = -\frac{1}{2}x + 5$

(d) $y = -x + 3$

95. Determina cuáles de las siguientes rectas son paralelas a los ejes de coordenadas. ¿Se pueden expresar en forma continua?

   (a) $(x,y) = (2,3) + (-1,0)t$

   (b) $x - 4 = 0$

   (c) $\begin{cases} x = 3 \\ y = 2 + t \end{cases}$

   (d) $y = -3$

   (e) $\begin{cases} x = 5 + 2t \\ y = 7 \end{cases}$

   (f) $(x,y) = (-1,2) + (0,3)t$

96. La determinación lineal de una recta es $A(4,-2)$, $\vec{u} = (-3,6)$. Calcula su pendiente.

97. Establece una determinación lineal y la pendiente de la recta que pasa por $A(-2,-1)$ y $B(3,-7)$.

98. Halla un vector director de la recta que tiene por pendiente $m = -\frac{2}{5}$.

5 Ecuaciones de la recta

5.1. Ecuación vectorial de una recta

Sea $(A, \vec{u})$ una determinación lineal de una recta r. Observa en la figura que, para cualquier punto, X, de la recta r se cumple que $\overrightarrow{AX}$ tiene la misma dirección que $\vec{u}$ por lo tanto $X \in r$ si y sólo si existe un $t \in \mathbb{R}$ tal que $\overrightarrow{AX} = t\vec{u}$. Observa que:

$$\overrightarrow{OX} = \overrightarrow{OA} + \overrightarrow{AX}$$

si y sólo si

$$\overrightarrow{OX} = \overrightarrow{OA} + t\vec{u}$$

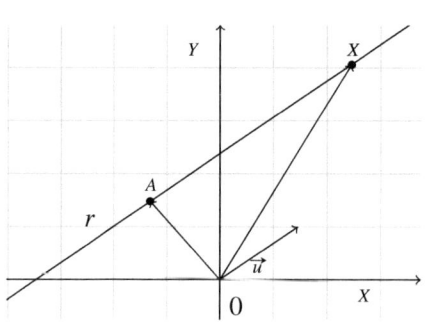

La ecuación vectorial de la recta r es:

$$\overrightarrow{OX} = \overrightarrow{OA} + t\vec{u}, \text{ con } t \in \mathbb{R}$$

5.2. Ecuaciones paramétricas de una recta

Consideremos las siguientes coordenadas: $A(a_1, a_2)$, $X(x, y)$ y $\vec{u} = (u_1, u_2)$. Teniendo en cuenta que $\overrightarrow{OA} = (a_1, a_2)$ y que $\overrightarrow{OX} = (x, y)$, si en la ecuación vectorial de la recta se sustituye cada vector por sus coordenadas, se obtiene que:

$$\overrightarrow{OX} = \overrightarrow{OA} + t\vec{u}$$
$$(x, y) = (a_1, a_2) + t(u_1, u_2)$$
$$(x, y) = (a_1, a_2) + (tu_1, tu_2)$$
$$(x, y) = (a_1 + tu_1, a_2 + tu_2)$$

luego $x = a_1 + tu_1$ e $y = a_2 + tu_2$.

Si $(A, \vec{u})$ es una determinación lineal de la recta r, en la que $A(a_1, a_2)$ y $\vec{u} = (u_1, u_2)$, las ecuaciones paramétricas de la recta r son:

$$\left.\begin{array}{l} x = a_1 + tu_1 \\ y = a_2 + tu_2 \end{array}\right\}$$

donde t es un número real cualquiera que recibe el nombre de parámetro.

Para determinar puntos de una recta expresada en forma paramétrica, se dan valores al parámetro t y se calculan los valores de x e y:

Ejercicio resuelto 5.1

Consideremos la recta:
$$r : \begin{cases} x = 4 + t \\ y = -1 - 3t \end{cases}$$

Halla un punto que pertenezca a la misma.

Si le damos a t el valor 1, obtenemos el punto
$$\begin{cases} x = 4 + 1 = 5 \\ y = -1 - 3 = -4 \end{cases}$$

y así, $(5, -4) \in r$.

Para averiguar si un punto pertenece a una recta expresada en forma paramétrica, se sustituyen las coordenadas del punto en las ecuaciones y se observa si se obtiene el mismo valor de t:

Ejercicio resuelto 5.2

Consideremos la recta
$$r : \begin{cases} x = 5 - 2t \\ y = -2 + t \end{cases}$$

comprueba si los puntos $P(3, -1)$ y $Q(1, -4)$ pertenecen o no a la recta.

- Para el punto $P(3, -1)$, sustituimos el punto en la ecuación de la recta y obtenemos:
$$\left. \begin{array}{l} 3 = 5 - 2t \\ -1 = -2 + t \end{array} \right\} \quad \begin{array}{l} t = 1 \\ t = 1 \end{array}$$

- Para el punto $Q(1, -4)$, sustituimos el punto en la ecuación de la recta y obtenemos:
$$\left. \begin{array}{l} 1 = 5 - 2t \\ -4 = -2 + t \end{array} \right\} \quad \begin{array}{l} t = 2 \\ t = -2 \end{array}$$

Por tanto, $P \in r$ y $Q \notin r$.

5.3. Ecuación continua de una recta

Si de cada una de las ecuaciones anteriores se despeja el parámetro t y se igualan luego las expresiones obtenidas, se tiene:
$$\left. \begin{array}{l} t = \frac{x - a_1}{u_1} \\ t = \frac{y - a_2}{u_2} \end{array} \right\} \text{ de donde } \frac{x - a_1}{u_1} = \frac{y - a_2}{u_2}$$

Si $(A, \vec{u})$ es una determinación lineal de la recta r, en la que $A(a_1, a_2)$ y $\vec{u} = (u_1, u_2)$, la ecuación continua de la recta r es:
$$\frac{x - a_1}{u_1} = \frac{y - a_2}{u_2}$$

Cuando alguna de las coordenadas del vector director de una recta es cero, no se debe expresar la ecuación en forma continua.

Para que una recta esté expresada en forma continua, el coeficiente de la x y el de la y deben ser 1.

Ejercicio resuelto 5.3

Determina si la ecuación $r: \dfrac{2x-1}{4} = \dfrac{y-3}{2}$ es la forma continua de la ecuación de la recta r. En caso contrario, transfórmala para que sí lo sea.

La ecuación $r: \dfrac{2x-1}{4} = \dfrac{y-3}{2}$ no es la ecuación continua de r; por tanto, $(4,2)$ no es su vector director, y el punto $(1,3)$ no pertenece a r. Para obtener la forma continua, se dividen el numerador y el denominador del primer miembro por 2, de forma que se obtiene:

$$r: \dfrac{x-0{,}5}{2} = \dfrac{y-3}{2}$$

5.4. Ecuación punto-pendiente de una recta

Si se multiplican los dos miembros de la ecuación continua por u_2, se tiene:

$$y - a_2 = \dfrac{u_2(x-a_1)}{u_1} \quad \text{de donde} \quad y - a_2 = \dfrac{u_2}{u_1}(x - a_1)$$

Observa que $\dfrac{u_2}{u_1}$ es m, la pendiente de la recta r.

Si $A(a_1, a_2)$ es un punto perteneciente a una recta, r, y m es la pendiente de la recta, la ecuación punto-pendiente de la recta r es:

$$y - a_2 = m(x - a_1)$$

Ejercicio resuelto 5.4

Consideremos $(A, \vec{u})$ una determinación lineal de una recta, r en la que $A(-2,3)$ y $\vec{u} = (-4,2)$. Escribe sus ecuaciones paramétricas, continua y punto-pendiente.

Las ecuaciones de la recta r son:

- Paramétricas: $\begin{cases} x = -2 + (-4)t \\ y = 3 + 2t \end{cases} = \begin{cases} x = -2 - 4t \\ y = 3 + 2t \end{cases}$

- Continua: $\dfrac{x-(-2)}{-4} = \dfrac{y-3}{2}$, y simplificando $\dfrac{x+2}{-4} = \dfrac{y-3}{2}$

- Punto-pendiente: $y - 3 = \dfrac{2}{-4}(x - (-2))$, de donde $y - 3 = -\dfrac{1}{2}(x + 2)$

Para determinar puntos de una recta en forma continua o punto-pendiente, se dan valores a una de las variables y se calcula la otra:

Ejercicio resuelto 5.5

Consideremos la recta

$$r: \frac{x-5}{2} = \frac{y+1}{3}$$

Halla un punto que pertenezca a ella.

Si a x le damos el valor 0, obtenemos que $\frac{0-5}{2} = \frac{y+1}{3}$, de donde $y = -\frac{17}{2}$ y, por tanto $\left(0, -\frac{17}{2}\right) \in r$.

Para averiguar si un punto pertenece a una recta expresada en forma continua y punto-pendiente, se sustituyen las coordenadas del punto en la ecuación y se observa si la verifican o no:

Ejercicio resuelto 5.6

Comprueba si el punto $Q(0,4)$ pertenece a la recta:

$$r: \frac{x-5}{2} = \frac{y+1}{3}$$

Sustituimos las variables por las coordenadas del punto y tenemos que $\frac{0-1}{2} \neq \frac{4-2}{-1}$ por lo que $Q \notin r$.

Ejercicios

99. Calcula la ecuación vectorial de la recta que pasa por el punto A y tiene la dirección de $\vec{u}$:

    (a) $A(1,3)$, $\vec{u} = (2,1)$

    (c) $A(-2,5)$, $\vec{u} = (3,6)$

    (b) $A(0,0)$, $\vec{u} = (-2,-4)$

    (d) $A(1,0)$, $\vec{u} = (3,0)$

100. Determina en cada caso las ecuaciones paramétricas de la recta que pasa por A y tiene la dirección de $\vec{v}$:

    (a) $A(-2,3)$, $\vec{v} = (4,-1)$

    (b) $A(-3,1)$, $\vec{v} = (-2,-7)$

(c) $A(-2,-1)$, $\vec{v}=(-3,0)$

(d) $A(6,-8)$, $\vec{v}=(1,-5)$

101. Escribe las ecuaciones vectorial y paramétricas de cada una de estas rectas:

    (a) $(A,\vec{u})$, donde $A(2,-1)$ y $\vec{u}=(3,2)$.

    (b) Pasa por $P(-5,-3)$ y $Q(2,-8)$.

    (c) Pasa por $A(0,0)$ y tiene por pendiente $m=-\frac{5}{2}$.

    (d) Pasa por $A(-2,1)$ y $B(-3,-2)$.

102. Halla las ecuaciones continua y punto-pendiente de la recta que cumple lo que se indica en los apartados de la actividad anterior.

103. Averigua si $A(2,3)$, $B(-6,0)$, $C(3,12)$ y $D(10,25)$ pertenecen a estas rectas. Después, escribe un punto, un vector director y la pendiente de cada una de ellas.

(a) $\begin{cases} x = 5-t \\ y = 6+3t \end{cases}$

(b) $(x,y) = (-2,1) + (3,6)t$

(c) $\frac{x-3}{-9} = \frac{y+2}{2}$

(d) $y - 2 = \frac{1}{3}(x+1)$

104. Estas ecuaciones están en forma continua. ¿Qué número divide a los miembros de la igualdad? Indica un vector director de cada una.

(a) $x - 3 = \frac{y+2}{2}$

(b) $x = y$

(c) $\frac{x+1}{-2} = y - 6$

(d) $x + 8 = y - 4$

105. Indica, razonadamente, si las siguientes son ecuaciones de una recta en forma continua. En caso contrario, escríbelas en forma continua.

(a) $\frac{x-5}{3} = \frac{y+2}{-1}$

(b) $\frac{x-1}{\frac{3}{5}} = \frac{3y+2}{-2}$

(c) $\frac{2x+3}{2} = \frac{y-1}{5}$

(d) $\frac{x+5}{\frac{1}{3}} = \frac{y+1}{\frac{2}{5}}$

5.5. Ecuación implícita o general de una recta

Al multiplicar los medios y los extremos de la ecuación continua de la recta, se tiene:

$$\frac{x-a_1}{u_1} = \frac{x-a_2}{u_2}$$

$$u_2(x-a_1) = u_1(y-a_2)$$

$$u_2 x - u_2 a_1 = u_1 y - u_1 a_2$$

$$u_2 x - u_2 a_1 - u_1 y + u_1 a_2 = 0$$

Si consideramos que $A = u_2$, $B = -u_1$ y $C = -u_2 a_1 + u_1 a_2$, se obtiene la ecuación implícita o general de la recta.

La ecuación implícita o general de una recta, r, es:

$$Ax + By + C = 0$$

Para escribir la ecuación general de una recta a partir de su determinación lineal, es aconsejable escribir primero la ecuación continua y después hacer las operaciones a fin de obtener la general.

5.6. Ecuación explícita de una recta

Al despejar la variable y de la ecuación general, se tiene:

$$Ax + By + C = 0$$

$$y = \frac{-Ax - C}{B}$$

$$y = -\frac{A}{B}x - \frac{C}{B}$$

Observa que $A = u_1$ y $B = -u_2$, de donde

$$-\frac{A}{B} = -\frac{u_2}{-u_1} = \frac{u_2}{u_1} = m$$

Por tanto, el coeficiente de x de la ecuación anterior es la pendiente de la recta. Si consideramos $n = -\frac{C}{B}$, se obtiene la ecuación explícita de la recta.

La ecuación explícita de una recta, r, es:

$$y = mx + n$$

donde m es la pendiente de la recta.

Si en la ecuación anterior hacemos $x = 0$, se tiene:

$$y = m \cdot 0 + n = n$$

Es decir, el punto $(0, n)$ pertenece a la recta y, por ello, p se denomina ordenada en el origen.

Ejercicio resuelto 5.7

Consideremos la recta que pasa por el punto $A(2, -3)$ y tiene la dirección del vector $\vec{u} = (-1, 4)$. Halla sus ecuaciones implícita y explícita.

Para escribir su ecuación general o implícita, obtenemos primero la continua y hacemos operaciones con objeto de hallar la implícita:

$$\frac{x-2}{-1} = \frac{y+3}{4}$$

$$4(x-2) = -1(y+3)$$

$$4x - 8 = -y - 3$$

$$4x + y - 5 = 0$$

Para obtener la ecuación explícita, despejamos y en la ecuación anterior: $y = -4x + 5$, donde, la pendiente es $m = -4$.

Para calcular puntos de una recta expresada en forma implícita o explícita, se da un valor a una de las variables y se halla el valor de la otra:

Ejercicio resuelto 5.8

Sea la recta $r: -x + 2y - 8 = 0$. *Halla un punto que pertenezca a ella.*

Para hallar un punto sustituimos $x = 0$ y resolvemos para y:

$$2y - 8 = 0$$

$$y = 4$$

Por lo que el punto $(0,4) \in r$.

Para averiguar si un punto pertenece a una recta dada por su ecuación general o por su ecuación explícita, se sustituyen las coordenadas del punto en la ecuación y se observa si la verifican:

Ejercicio resuelto 5.9

Sea la recta $r: 3x - 2y + 4 = 0$, *comprueba si el punto* $P(0,2)$ *pertenece a dicha recta.*

Sustituimos las coordenadas de las variables por las coordenadas del punto y $3 \cdot 0 - 2 \cdot 2 + 4 = 0$, luego $P \in r$.
Por otro lado, $s: y = 4x - 6$, veamos si el punto $Q(5,-2)$ pertenece a dicha recta: $-2 \neq 4 \cdot 5 - 6$, por lo que $Q \notin s$.

5.7. Obtención de la determinación lineal de a recta a partir de sus ecuaciones general y explícita

Para calcular una determinación lineal de una recta a partir de su ecuación general, se escribe primero su forma explícita y, a continuación:

1. Se determina un punto de la recta.

2. Se calcula un vector director de la recta.

   Aquí hay que tener en cuenta que:

- El coeficiente de x en la ecuación explícita es la pendiente, m.
- Como $u = (u_1, u_2)$ es un vector director, $\frac{u_2}{u_1} = m$.

Por tanto, se buscan dos números, u_1 y u_2, de manera que su cociente sea igual al coeficiente de la variable x.

Ejercicio resuelto 5.10

Encuentra una determinación lineal de la recta $r : 6x + 3y + 4 = 0$.

En primer lugar despejamos y para obtener la ecuación explícita: $y = -2x - \frac{4}{3}$. Si $x = 0$, entonces $y = -\frac{4}{3}$ por lo que el punto de la recta es $A\left(0, -\frac{4}{3}\right)$ y $A \in r$.

Para la pendiente, tenemos que $-2 = \frac{u_2}{u_1}$, por lo que dando el valor $u_1 = 1$ obtenemos el que $(1, -2)$, vector director de r.

Ejercicios

106. Escribe las ecuaciones implícita y explícita de cada una de las siguientes rectas:

    (a) $\frac{x-3}{2} = \frac{y-4}{3}$

    (b) $\frac{x+1}{5} = \frac{y-3}{-2}$

    (c) $\frac{x+4}{-3} = \frac{y+1}{-1}$

    (d) $\frac{x-5}{-3} = \frac{y+2}{-4}$

    (e) $\frac{x}{3} = y - 1$

    (f) $x - 5 = \frac{y-3}{2}$

107. Determina las ecuaciones implícita y explícita de la recta que cumple lo que se indica en cada caso:

    (a) Pasa por $A(-3, 6)$ y tiene la dirección de $\vec{u} = (-2, 1)$.

    (b) Pasa por $A(2, -1)$ y $B(5, -4)$.

(c) Pasa por $A(0,5)$, y su pendiente es $m = 3$.

(d) Sus ecuaciones paramétricas son $x = 5 - 2t$, $y = 6 + t$.

108. Escribe todas las formas de la ecuación de la recta con determinación lineal $A(-7,0)$ y $\vec{u} = (-5,2)$.

109. Di si los puntos pertenecen a $5x - 2y - 3 = 0$:

    (a) $A(2,5)$

    (b) $C(-1,-4)$

    (c) $E(3,6)$

    (d) $B(1,1)$

    (e) $D(-1,4)$

    (f) $F(5,-11)$

110. Estudia si $A(-1,0)$, $B(-2,-6)$, $C\left(-3,-\frac{1}{2}\right)$ y $D\left(1,-\frac{1}{3}\right)$ pertenecen a cada una de estas rectas:

    (a) $2x + 3y - 1 = 0$

    (b) $7x + 5y - 7 = 0$

(c) $y = 5x + 4$

(d) $y = -\frac{x}{2} - 2$

111. Escribe una determinación lineal de las siguientes rectas:

    (a) $2x + y - 2 = 0$

    (b) $3x + y = 0$

    (c) $2x + 4y + 5 = 0$

    (d) $-x + 2y + 4 = 0$

    (e) $x - y + 1 = 0$

    (f) $-2x + 3y - 1 = 0$

112. Determina la pendiente de las siguientes rectas:

    (a) $y = 3x - 1$

    (b) $y + 2x - 1 = 0$

    (c) $y = x - 5$

    (d) $2x = y + 1$

113. Indica si es verdadero o falso si m es la pendiente de una recta:

    (a) El parámetro m coincide con el coeficiente de x en la ecuación general.

(b) Si el término independiente de la ecuación explícita es 0, m coincide con el valor que resulta al sustituir x por 1.

114. Escribe de todas las formas posibles la ecuación de la recta que tiene la determinación lineal que se indica en cada apartado:

    (a) $A(3,-1)$, $\vec{u} = (-1,-2)$

    (b) $A(0,3)$, $\vec{u} = (-5,1)$

    (c) $A(2,3)$, $\vec{u} = (6,3)$

    (d) $A(0,0)$, $\vec{u} = (1,4)$

115. Expresa cada una de las siguientes ecuaciones de todas las formas posibles:

(a) $\begin{cases} x = -3 + t \\ y = 2 - 2t \end{cases}$

(b) $y = 5x - 1$

(c) $\frac{x-1}{5} = \frac{y-3}{2}$

(d) $y + 5 = -2(x + 1)$

116. Encuentra tres puntos, un vector y la pendiente de las siguientes rectas y después escribe sus ecuaciones:

(a) El eje de abscisas.

(b) El eje de ordenadas.

(c) La bisectriz del primer cuadrante.

(d) La bisectriz del segundo cuadrante.

117. Halla la ecuación punto-pendiente de la recta que pasa por $A(3,2)$ y forma con el semieje positivo de abscisas el ángulo que se indica en cada caso:

(a) $150°$

(b) $45°$

(c) $120°$

(d) $135°$

118. Los puntos $A(-2,4)$, $B(3,1)$ y $C(-2,-1)$ son los vértices de un triángulo. Calcula las ecuaciones paramétricas de las rectas que contienen a sus lados.

119. Halla la ecuación punto-pendiente de la recta que pasa por el punto $A(5,-2)$ y tiene la misma dirección que la recta $\frac{x-2}{3} = \frac{y+1}{-2}$.

120. Escribe la ecuación continua de la recta que pasa por el origen y tiene la misma pendiente que la recta $5x-2y+1=0$.

121. Estudia si las siguientes rectas se pueden expresar en forma continua:

   (a) $x+2y-1=0$.

   (b) $2x+3=0$

   (c) $\begin{cases} x=5-t \\ y=3 \end{cases}$

122. Halla en cada caso la ecuación de la recta que pasa por A y B y estudia si el punto C pertenece a dicha recta:

   (a) $A(2,5), B(-1,0), C(3,2)$

   (b) $A(0,-1), B(1,2), C(-1,-4)$

123. Escribe la ecuación explícita de la recta cuya pendiente es m y cuya ordenada en el origen es b:

   (a) $m=0, b=4$

   (b) $m=-3, b=1$

   (c) $m=-5, b=3$

   (d) $m=\frac{-1}{2}, b=0$

124. Calcula la ecuación explícita de la recta que pasa por $A(-1,-1)$ y tiene la misma dirección que la bisectriz del primer cuadrante.

125. Halla la ecuación general de la recta que cumple lo que se indica en cada caso:

    (a) Pasa por $A(9,-2)$ y $B(-6,10)$.

    (b) Pasa por $A(0,3)$ y su pendiente es $m=5$.

    (c) Pasa por $A(-4,-4)$ y forma un ángulo de $120°$ con el semieje positivo de abscisas.

(d) Pasa por $A(5,-1)$ y es paralela a la recta que pasa por $B(4,9)$ y $C(1,1)$.

(e) Pasa por $A(6,-3)$ y tiene la misma pendiente que la recta $3x-y-6=0$.

(f) Pasa por $A(-1,3)$ y es paralela a la bisectriz del tercer cuadrante.

126. Escribe todas las formas posibles de la ecuación de la recta que tiene por determinación lineal $A(-6,-1)$, $\vec{u}=(4,-5)$.

127. Calcula una determinación lineal y la pendiente de cada una de las siguientes rectas y expresa, después, sus ecuaciones de todas las formas posibles:

(a) $(x,y) = (-1,1) + (2,3)t$

(b) $y = 4x + 1$

(c) $\begin{cases} x = -3 + 2t \\ y = 5 - 6t \end{cases}$

(d) $-2x - 6y + 1 = 0$

(e) $\frac{x-4}{7} = \frac{y}{-3}$

(f) $y + 8 = 3x$

6 Posiciones relativas de dos rectas

Dos rectas, r y s, son secantes si tienen distinta dirección, paralelas si tienen la misma dirección y coincidentes si tienen la misma dirección y un punto de una de ellas también pertenece a la otra.

Vamos a ver cómo se determina la posición relativa de dos rectas. Consideramos dos rectas, r y s, con las siguientes determinaciones lineales:

$$r: \left.\begin{array}{l} A(a_1, a_2) \\ \vec{u} = (u_1, u_2) \end{array}\right\} \qquad s: \left.\begin{array}{l} B(b_1, b_2) \\ \vec{v} = (v_1, v_2) \end{array}\right\}$$

y las siguientes ecuaciones generales y explícitas:

$$r: \left.\begin{array}{l} Ax + By + C = 0 \\ A = u_2, B = -u_1 \\ y = mx + p \\ m = \frac{u_2}{u_1} \end{array}\right\} \qquad s: \left.\begin{array}{l} A'x + B'y + C' = 0 \\ A' = v_2, B' = -v_1 \\ y = m'x + p' \\ m' = \frac{v_2}{v_1} \end{array}\right\}$$

- **Rectas secantes.** Dos rectas, r y s, son secantes si sus vectores directores, $\vec{u}$ y $\vec{v}$, tienen distinta dirección, es decir:

$$\frac{u_2}{u_1} \neq \frac{v_2}{v_1} \text{ o bien } \frac{A}{A'} \neq \frac{B}{B'} \text{ o bien } m \neq m'$$

Para calcular el punto de intersección, se resuelve el sistema formado por las ecuaciones de las dos rectas.

Ejercicio resuelto 6.1

Estudia la posición relativa de las rectas en forma implícita: $r: -x-4y+2=0$ *y* $s: 2x-3y+5=0$

Por un lado tenemos la recta $r: -x-4y+2=0$, con $A=-1$ y $B=-4$ y por otro la $s: 2x-3y+5=0$, con $A'=2$, $B'=-3$ y que, por tanto cumplen que $\frac{-1}{2} \neq \frac{-4}{-3}$

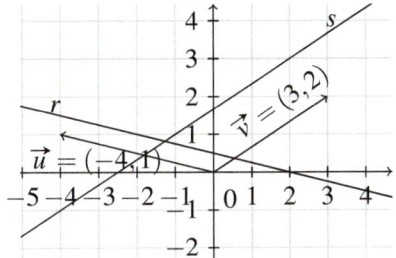

Los vectores directores de r y s tienen distinta dirección; así, r y s son secantes.

Ejercicio resuelto 6.2

Estudia la posición relativa de las rectas en forma explícita: $r: y=2x+6$ *y* $s: y=-3x+1$

En primer lugar la recta $r: y=2x+6$, con pendiente $m=2$ y posteriormente, $s: y=-3x+1$ que tiene pendiente $m'=-3$. Las rectas r y s tienen distinta pendiente; por tanto, r y s son secantes.

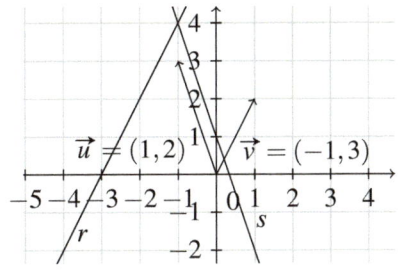

- Rectas paralelas y coincidentes. Dos rectas r y s son paralelas si sus vectores directores, $\vec{u}$ y $\vec{v}$, tienen la misma dirección, es decir:

$$\frac{u_2}{u_1} = \frac{v_2}{v_1} \text{ o bien } \frac{A}{A'} = \frac{B}{B'} \text{ o bien } m = m'$$

Ejercicio resuelto 6.3

Estudia la posición relativa de las rectas en forma continua: $r: \frac{x-2}{6} = \frac{y+3}{3}$ *y* $s: \frac{x-4}{2} = \frac{y}{1}$

Las rectas $r: \frac{x-2}{6} = \frac{y+3}{3}$ y $s: \frac{x-4}{2} = \frac{y}{1}$ tienen vectores directores $\vec{u}=(6,3)$ y $\vec{v}=(2,1)$, respectivamente. Como $\frac{6}{3} = \frac{2}{1}$, los vectores directores de r y s tienen la misma dirección. Además, un punto de la recta r, $A(2,-3)$, no pertenece a s; por tanto, r y s son paralelas.

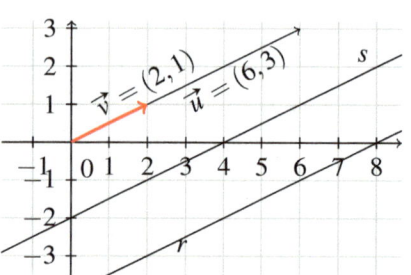

Las dos rectas son coincidentes si, además de cumplirse lo anterior, las coordenadas de un punto de r verifican la ecuación de s, es decir, si se cumple:

$$\frac{A}{A'} = \frac{B}{B'} = \frac{C}{C'}$$

Por tanto, dos rectas son coincidentes si sus ecuaciones son equivalentes.

- Tomemos las rectas en forma general $r: 4x+6y+2=0$ y $s: 2x+3y+1=0$ con ternas de coeficientes $A=4, B=6, C=2$ y $A'=2, B'=3, C'=1$. Como $\frac{4}{2} = \frac{6}{3} = \frac{2}{1}$, las ecuaciones son equivalentes; por consiguiente, r y s son coincidentes.

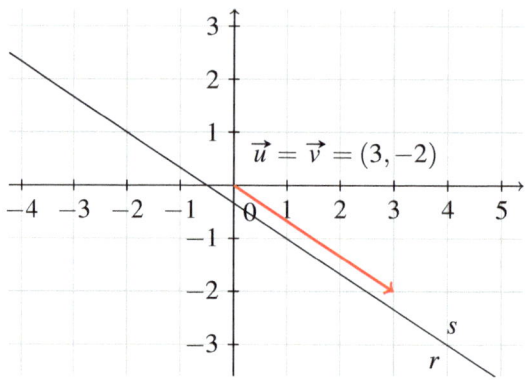

- Por último, tomemos las rectas $r: y = -2x+5$ y $s: y = \frac{-4x+7}{2}$, ambas escritas en forma explícita. Las rectas r y s tienen la misma pendiente. Además, un punto de r, $A(0,5)$, no pertenece a s; de este modo, r y s son paralelas.

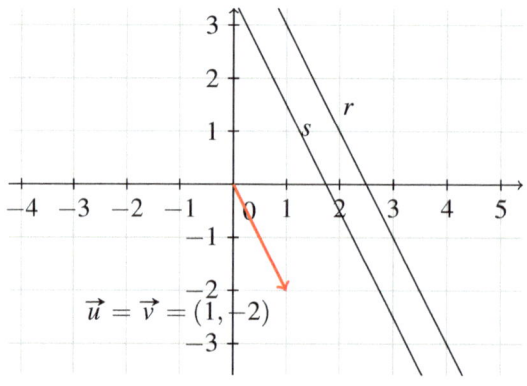

Ejercicios

128. Comprueba que r y s tienen la misma dirección. Después estudia si ambas rectas son coincidentes.

(a) $r: \begin{cases} x = 2 + 5t \\ y = -3 - 2t \end{cases}$, $s: \begin{cases} x = 7 + 5t \\ y = -1 - 2t \end{cases}$

(b) $r: y = 3x + 2$, $s: y = 3x - 5$

(c) $r: 2x - y + 4 = 0$, $s: -4x + 2y - 8 = 0$

(d) $r: 2x - y + 1 = 0$, $s: 4x - 2y + 3 = 0$

129. Si la pendiente de una recta es $m = \frac{1}{2}$ y el vector director de otra es $\vec{u} = (-4, -2)$, ¿cuál puede ser la posición relativa de ambas? ¿Y si la pendiente de una es $m = \frac{1}{2}$ y el vector director de la otra es $\vec{u} = (1, 2)$?

130. Calcula el valor de a para que las rectas, r y s, que se indican en cada apartado tengan la misma dirección:

   (a) $r : 3x - 2y + 4 = 0$, $s : 12x + ay + 3 = 0$

   (b) $r : y = 3x - 6$, $s : y = ax + 5$

   (c) $r : \frac{x-1}{2} = \frac{y+3}{-6}$, $s : \frac{x}{a} = \frac{y-6}{12}$

   (d) $r : y - 5 = 4(x + 1)$, $s : y - 2 = a(x - 2)$

131. Estudia, mentalmente, si las rectas r y s, cuya determinación lineal se da en cada apartado, son secantes o paralelas:

    (a) $r: A(-1,2), \vec{u}=(3,5)$ y $s: B(2,3), \vec{v}=(1,2)$

    (b) $r: A(5,4), \vec{u}=(-2,1)$ y $s: B(3,-3), \vec{v}=(4,-2)$

    (c) $r: A(6,2), \vec{u}=(7,-1)$ y $s: B(3,1), \vec{v}=(2,1)$

    (d) $r: A(1,-3), \vec{u}=(5,4)$ y $s: B(-2,8), \vec{v}=(4,5)$

132. Determina el valor del parámetro a para que las rectas $r: \frac{x-2}{3} = \frac{y+1}{-1}$ y $s: 2x - ay + 3 = 0$, sean:

    (a) Paralelas.
    (b) Secantes.

133. Estudia la posición relativa de los siguientes pares de rectas y comprueba el resultado gráficamente. Calcula el punto de intersección de las que sean secantes.

    (a) $r: 5x - 3y + 2 = 0$, $s: 2x + y - 1 = 0$

    (b) $r: y = -3x + 1$, $s: \frac{x+2}{-2} = \frac{y-1}{6}$

(c) $r : x - 1 = -\frac{2}{3}(y+3)$, $s : \begin{cases} x = 3 - 3t \\ y = 2t \end{cases}$

(d) $r : x - 2y + 3 = 0$, $s : \begin{cases} x = 3 - 2t \\ y = 5 + t \end{cases}$

134. Estudia la posición relativa de los siguientes pares de rectas:

(a) $r : \begin{cases} x = -4 - t \\ y = 5t \end{cases}$, $s : \begin{cases} x = 3t \\ y = 4 \end{cases}$

(b) $r : -x + 8y - 5 = 0$, $s : 4x - 32y + 20 = 0$

(c) $r: y = -3x - 1, s: y = 6x + 2$

(d) $r: \frac{x-5}{9} = \frac{y+1}{6}, s: y = \frac{3x+1}{2}$

135. Calcula en cada caso el valor de a para que las rectas r y s tengan la misma dirección. Estudia luego si para el valor de a hallado, las rectas son coincidentes.

    (a) $r: 3x - ay + 1 = 0, s: 2x + 4y - 5 = 0$

    (b) $r: \begin{cases} x = 3 - at \\ y = 5 + t \end{cases}, s: \frac{x-1}{4} = \frac{y+2}{-1}$

136. Estudia la posición relativa de r y s:

(a) $r: (x,y) = (2,5) + (-1,3)t$, $s: (x,y) = (-1,3) + (2,6)t$

(b) $r: \frac{x-1}{3} = \frac{y+5}{-2}$, $s: \frac{x-4}{6} = \frac{y+3}{-4}$

(c) $r: \begin{cases} x = 3 - 2t \\ y = -1 + t \end{cases}$, $s: \begin{cases} x = 4t \\ y = 2 - 2t \end{cases}$

(d) $r: y = -3x - 2$, $s: y = \frac{1}{3}x + 1$

(e) $r: -x+3y+1=0,\ s: 2x-6y+4=0$

(f) $r: 3x+2y-3=0,\ s: 2x-5y+1=0$

(g) $r: \frac{x+7}{-1} = \frac{y-2}{5},\ s: \frac{x+7}{-5} = \frac{y-2}{1}$

(h) $r: \begin{cases} x = -1+3t \\ y = 2-5t \end{cases},\ s: \begin{cases} x = 3-3t \\ y = 5-5t \end{cases}$

(i) $r: y = \frac{1}{2}x + 5$, $s: y = \frac{2}{4}x - 3$

(j) $r: (x,y) = (1,-3) + (-1,3)t$, $s: (x,y) = (-1,3) + (2,-6)t$

137. ¿Puede haber algún par de rectas con solo dos puntos en común? ¿Y con tres puntos en común?

138. Estudia la posición relativa de cada una de las siguientes rectas con los ejes de coordenadas, y en caso de ser secantes con ellos, determina los puntos de corte con dichos ejes:

(a) $3x + 2y - 1 = 0$

(b) $y = 6x - 1$

(c) $\begin{cases} x = 2 - 5t \\ y = -3 + 2t \end{cases}$

(d) $\frac{x-3}{2} = \frac{y+2}{-1}$

139. Si los puntos $A(-2,-1)$, $B(1,1)$ y $C(3,-1)$ son tres vértices de un paralelogramo, halla:

(a) Las coordenadas del vértice D, opuesto al A.

(b) Las ecuaciones de las dos rectas que pasan por los puntos medios de los lados paralelos.

(c) El punto de intersección de las dos rectas del apartado anterior.

140. Dada la recta $y + 15x + 10 = 0$, calcula la longitud de los segmentos que determina sobre cada eje de coordenadas, es decir, la longitud de los segmentos determinados por cada punto de corte y el origen.

141. Estudia si las siguientes rectas se cortan formando un triángulo. En caso de ser así, calcula sus vértices.

    - $r: -x + 2y - 6 = 0$
    - $s: y = -3x + 10$
    - $p: 5y + x + 6 = 0$

142. Los puntos $A(-3, -4)$, $B(5, -1)$ y $C(0, 3)$ son los vértices de un triángulo. Calcula:

    (a) La ecuación general de la recta que contiene a cada uno de sus lados.

    (b) La ecuación de cada una de sus medianas.

(c) Las coordenadas del baricentro del triángulo.

143. Estudia si los puntos A, B y C forman un triángulo y, en caso afirmativo, calcula las coordenadas del baricentro:

(a) $A(0,3)$, $B(1,4)$ y $C(-1,2)$

(b) $A(0,3)$, $B(1,4)$ y $C(3,1)$

144. Clasifica los siguientes sistemas de ecuaciones en función del número de soluciones.

(a) $\begin{cases} 3x - y = 2 \\ -9x + 3y = 6 \end{cases}$
(b) $\begin{cases} x - y = 0 \\ 3x + 2y = 0 \end{cases}$

(c) $\begin{cases} x - 2y = 4 \\ 3x - 2y = 0 \end{cases}$

(e) $\begin{cases} 2x + y = 3 \\ y = 4 \end{cases}$

(d) $\begin{cases} x - 4y = 1 \\ 2x - 8y = 2 \end{cases}$

145. Comprueba que las diagonales del paralelogramo cuyos vértices consecutivos son $A(-3,1)$, $B(-4,-1)$, $C(0,-2)$ y $D(1,0)$ se cortan en sus puntos medios.

146. Calcula la ecuación de la recta que pasa por el origen de coordenadas y por el punto de intersección de las rectas $r: 2x - 3y - 1 = 0$ y $s: y = -x + 3$.

147. Comprueba que $A(2,2)$, $B(4,1)$, $C(5,-1)$ y $D(3,0)$ son los vértices de un paralelogramo. Halla:

    (a) La ecuación de la recta que contiene a cada uno de sus lados. ¿Cuál debe ser su posición relativa? Compruébalo.

    (b) La ecuación de cada una de las diagonales.

    (c) El punto en el que se cortan dichas diagonales.

Soluciones

1. Mismo módulo: $\vec{AB}$ y $\vec{KL}$; $\vec{CD}, \vec{OP}$ e $\vec{IJ}$ y $\vec{EF}$ y $\vec{MN}$.
   Misma dirección: $\vec{AB}$ y $\vec{KL}$; $\vec{CD}, \vec{OP}, \vec{EF}$ e $\vec{IJ}$ y $\vec{GH}$ y $\vec{MN}$
   Mismo sentido: $\vec{CD}, \vec{OP}$ y $\vec{EF}$

2. $\vec{CD}$ y $\vec{OP}$

3. (a) 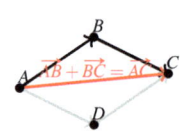   (c) 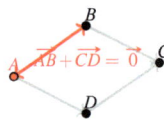   (e) 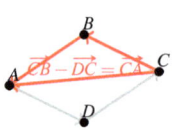   (g)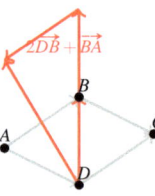

   (b) 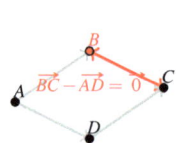   (d) 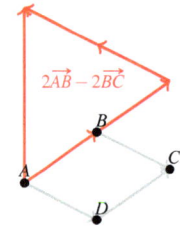   (f)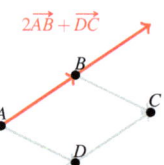

4. La dirección de un vector es la de la recta sobre la que se ubica el vector, mientras que el sentido es la forma en la que se recorre dicha recta.

5. (a) Verdadero
   (b) Falso, por ejemplo, sumando a un vector su inverso.
   (c) Falso, si el número es negativo, el vector cambia de sentido.
   (d) Falso, es necesario que tengan la misma dirección.

6. (a) $\vec{b}$ y $\vec{d}$
   (b) $\vec{b}$ y $\vec{g}$. $\vec{d}$ y $\vec{g}$
   (c) $\vec{b}$ y $\vec{f}$. $\vec{d}$ y $\vec{f}$. $\vec{g}$ y $\vec{f}$.
   (d) $\vec{b}$ y $\vec{g}$. $\vec{d}$ y $\vec{g}$

7. (a) $\vec{EF}$.
   (b) $\vec{GD}$.
   (c) $\vec{GF}$.
   (d) $\vec{DC}$.
   (e) $\vec{AB}$.
   (f) No, tienen distinto sentido.

8. (a) 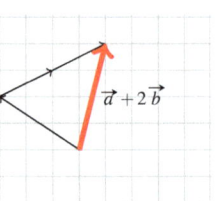   (b)

(c)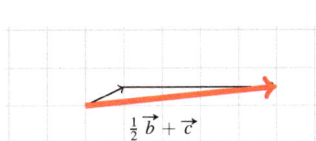

(d)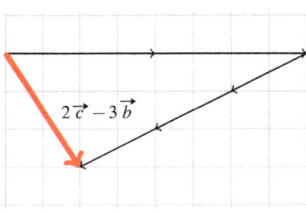

9. (a) 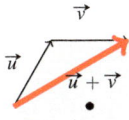   (c) 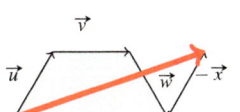   (e)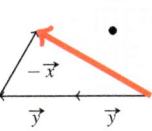

(f)

(b) 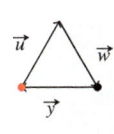   (d)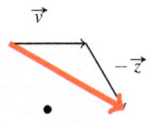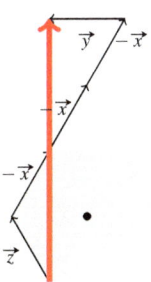

10. No, no es posible.

11. (a) Iguales.   (b) Iguales, pero cambiadas de signo.

12. (a) $\vec{g}$ (b) $\vec{h}$ (c) $-\vec{f}$ (d) $\vec{a}$ (e) $\vec{h}$ (f) $-\vec{i}$

13. (a) 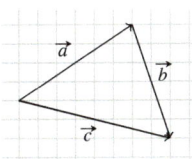   (b)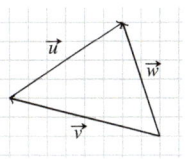

14. (a) $\vec{CD}$ y $\vec{IJ}$.   (b) $\vec{AB}$ y $\vec{KL}$ y $\vec{EF}$ y $\vec{MN}$.   (c) $\vec{OP}$ y $\vec{GH}$.

15. (a) $\vec{AB}=(2,-2)$ (b) $\vec{CA}=(3,1)$ (c) $\vec{BC}=(-5,1)$ (d) $\vec{AD}=(0,0)$ (e) $\vec{DC}=(-3,-1)$

16. $(0,0)$

17. Iguales

18.

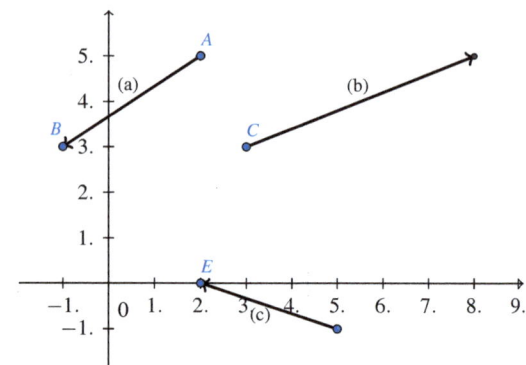

19. $\vec{AB}=(3,1)$, $\vec{CD}=(-2,0)$, $\vec{EF}=(0,-6)$, $\vec{GH}=(-1,2)$, $\vec{IJ}=(4,-2)$ y $\vec{KL}=(-2,-3)$.

20.

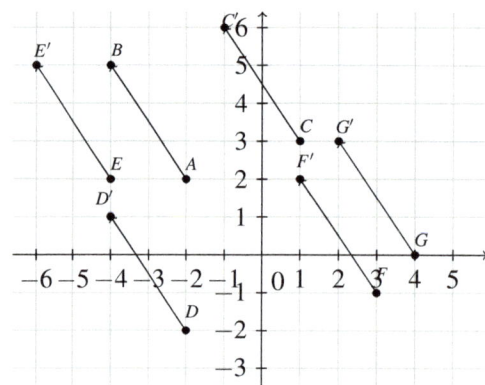

Sus coordenadas son $(-2,3)$ en todos los casos. Los extremos son $C'(-1,6)$, $D'(-4,1)$, $E'(-6,5)$, $F'(1,2)$ y $G'(2,3)$.

21.

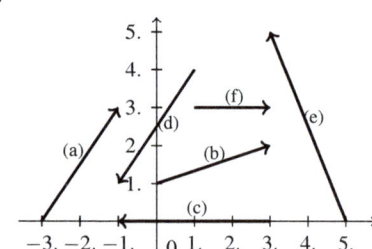

22. (a) $(3,5)$ (c) $(3,-2)$ (e) $(0,7)$ (g) $(10,11)$ (i) $(0,7)$
    (b) $(-7,1)$ (d) $(-6,9)$ (f) $(-16,5)$ (h) $(-36,-3)$

23. (a) Sí   (b) Sí   (c) Sí   (d) No   (e) No   (f) Sí

24. (a_1, a_2)

25. (a) $\vec{AB} = (2,3)$ (b) $\vec{AC} = (-5,2)$ (c) $\vec{BC} = (-7,-1)$ (d) $\vec{CB} = (7,1)$ (e) $\vec{DA} = (6,4)$

26. $\vec{a} = (3,0)$, $\vec{b} = (-2,1)$, $\vec{c} = (-5,4)$, $\vec{d} = (3,2)$, $\vec{e} = (-2,1)$ y $\vec{f} = (0,-3)$

27. (a) $\vec{a}, \vec{c}$ y $\vec{e}$ (b) $\vec{b}$ frente a $\vec{a}, \vec{c}$ y $\vec{e}$ (c) $\vec{d}$ frente a $\vec{a}, \vec{b}, \vec{c}$ y $\vec{e}$

28. (a) $\vec{u'} = (4,-2)$ y $\vec{u''} = (6,-3)$ (b) $\vec{v'} = (-4,2)$ y $\vec{v''} = (-6,3)$ (c) $\vec{w'} = (4,2)$ y $\vec{w''} = (6,3)$

29. (a) $x = 9$ (b) $x = -15$ (c) $x = 0$ (d) $x = \frac{-5}{2}$

30.
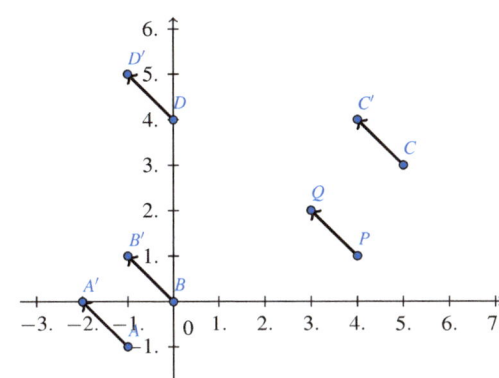

31. (a) $x = -36$ (b) $x = 2$ (c) $x = -10$ (d) $x = -128$

32. (a) $P = (0,4)$ (b) $P = (-2,2)$ (c) $P = (6,8)$ (d) $P = (-2,2)$

33. (a) $A = (-2,-1)$ (b) $B = (-5,1)$. (c) $\vec{AB} = (6,-1)$. (d) $B = (-2,4)$. (e) $A = (4,-3)$.

34. (a) $(2,-2)$ (b) $(-4,-2)$ (c) $(14,11)$ (d) $(3,2)$ (e) $(8,6)$ (f) $(0,-8)$

35. (a) $(3,-1)$ (c) $\left(-25, \frac{5}{3}\right)$ (e) $(5,5)$ (g) $\left(5, -\frac{16}{3}\right)$ (i) $\left(31, -\frac{31}{3}\right)$
    (b) $\left(7, -\frac{1}{3}\right)$ (d) $\left(-16, -\frac{4}{3}\right)$ (f) $\left(14, \frac{2}{3}\right)$ (h) $\left(21, \frac{19}{3}\right)$

36. (a) Sí. (b) No.

37. (a) $D = (2,0)$ (b) $D = (-6,-4)$

38. (a) $\vec{OP} = (-1,3)$ (b) $\vec{PR} = (4,-8)$ (c) $\vec{QR} = (-1,-5)$ (d) $\vec{PQ} = (5,-3)$

39. (a) $Q = (2,2)$ (b) $Q = (-3,14)$ (c) $Q = (-2,7)$ (d) $Q = (9,5)$

40. (a) $\sqrt{29}$ (b) $\sqrt{20}$ (c) $\sqrt{18}$ (d) $\sqrt{10}$ (e) 6 (f) 4

41. (a) $\sqrt{52}$ (b) 5 (c) $\sqrt{53}$ (d) 5

42. (a) $\sqrt{5}$ (b) $\sqrt{58}$ (c) $\sqrt{61}$

43. Perímetro: $2\sqrt{18}+2\sqrt{20} \approx 17,18$.

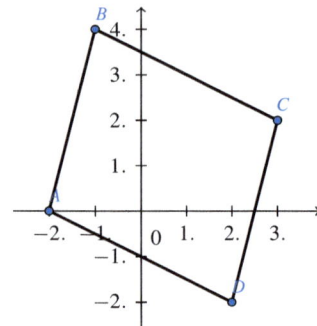

44. (a) $\sqrt{18}$ (b) $\sqrt{13}$ (c) $\sqrt{37}$ (d) $\sqrt{32}$

45. (a) $PM_{AB}(\frac{1}{2},2), PM_{BC}(0,0)$ y $PM_{AC}(-\frac{3}{2},1)$
    (b) $\overline{AB}=\sqrt{13}, \overline{BC}=\sqrt{20}, \overline{AC}=\sqrt{17}, \overline{PM_{AB}PM_{BC}}=\frac{\sqrt{17}}{2}, \overline{PM_{AB}PM_{AC}}=\sqrt{5}, \overline{PM_{BC}PM_{AC}}=\frac{\sqrt{13}}{2}$.

46. $D(0,2)$

47. Iguales

48. (a) Sí, $\overline{AB}$ y $\overline{BC}$ son iguales. (b) No

49. (a) $M(2,4)$ (b) $M(-\frac{7}{2},-2)$ (c) $M(\frac{7}{2},2)$ (d) $M(\frac{7}{2},0)$

50. (a) $Q(7,8)$ (b) $Q(-2,4)$ (c) $Q(6,2)$ (d) $P\left(-\frac{10}{3},\frac{3}{2}\right)$

51. $\overline{AC}^2 = \sqrt{65}^2 = \sqrt{45}^2 + \sqrt{20}^2 = \overline{AB}^2 + \overline{BC}^2$

52. (a) $|\vec{u}+\vec{v}| = |(5,3)| = \sqrt{34}$ (c) $|\vec{u}+\vec{v}-\vec{w}| = |(\frac{9}{2},\frac{12}{5})| = \sqrt{26,01}$
    (b) $|2\vec{u}-\vec{v}| = |(4,15)| = \sqrt{241}$ (d) $|-\vec{w}| = |(-\frac{1}{2},-\frac{3}{5})| = \sqrt{0,61}$

53. $|\vec{a}|=\sqrt{2}, |\vec{b}|=3, |\vec{c}|=\sqrt{20}$, y $|\vec{d}|=\sqrt{18}$.

54. (a) $x=\pm\sqrt{21}$.
    (b) $x=\pm 2$.
    (c) $x=\pm\sqrt{706881}$.
    (d) $x=\pm 3$.

55. $d(A,P)=2, d(B,P)=\sqrt{32}, d(C,P)=\sqrt{13}, d(D,P)=5$ y $d(E,P)=\sqrt{5}$.

56. (a) $x=1$ y $x=9$.
    (b) $x=0$ y $x=-10$.

57. Radio = 3.

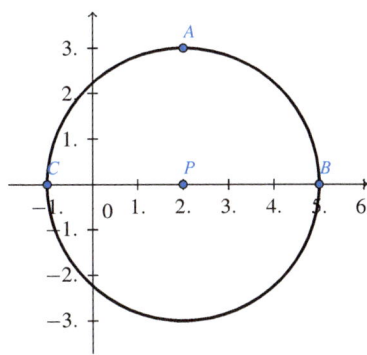

58. (a) $M(-2,-1)$ (b) $M(-\frac{9}{2},3)$ (c) $M(\frac{1}{2},\frac{13}{2})$ (d) $M(\frac{9}{2},-3)$

59. $M(1,-3)$.

60. (a) $A'(5,4)$ (b) $B'(-4,-5)$

61. (a) Escaleno
    (b) Isósceles
    (c) Equilátero

62. a) $(5,1)$ b) $(3,-7)$ c) $(-10,15)$ d) $(6,20)$

63. (a) $|\vec{u}|=2$ (b) $|\vec{u}|=\sqrt{125}$ (c) $|\vec{u}|=\sqrt{10}$ (d) $|\vec{u}|=5$

64. (a) $d(P,Q)=\sqrt{13}$, $M=(-\frac{1}{2},-1)$
    (b) $d(P,Q)=\sqrt{20}$, $M=(2,4)$
    (c) $d(P,Q)=\sqrt{106}$, $M=(-\frac{1}{2},\frac{11}{2})$
    (d) $d(P,Q)=\sqrt{170}$, $M=(\frac{5}{2},\frac{7}{2})$

65. (a) $\overline{BC}^2=\sqrt{74}^2=\sqrt{37}^2+\sqrt{37}^2=\overline{AB}^2+\overline{AC}^2$. Perímetro $=\sqrt{74}+2\sqrt{37}\approx 20,7679$. Área: $\frac{37}{2}$
    (b) $\overline{BC}^2=\sqrt{130}^2=\sqrt{32}^2+\sqrt{98}^2=\overline{AB}^2+\overline{AC}^2$. Perímetro $=\sqrt{130}+11\sqrt{2}\approx 26,9581$. Área: 28

66. (a) Rombo
    (b) Lados: $\sqrt{50}$. Diagonal mayor: $\sqrt{160}$. Diagonal menor: $\sqrt{40}$
    (c) $(-1,2)$

67. $d(A,PM_{BC})=\sqrt{31,25}$, $d(B,PM_{AC})=\sqrt{12,5}$ y $d(C,PM_{AB})=\sqrt{31,25}$.

68.

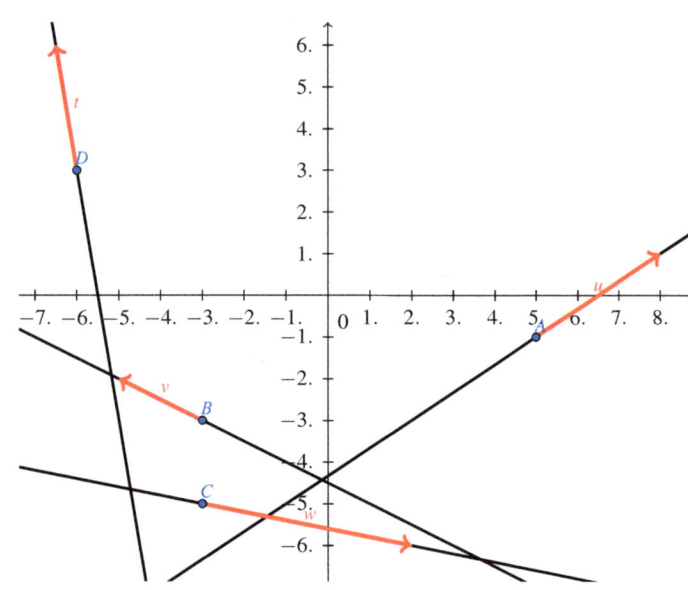

69. $r:(A(0,0),\vec{u}(2,-3)), s:(A(0,0),\vec{u}(1,3)), t:(A(1,0),\vec{u}(3,2)), q:(A(0,3),\vec{u}(1,0))$

70. (a) $(A(0,0),\vec{u}(1,0))$
    (b) $(A(0,0),\vec{u}(1,1))$
    (c) $(A(0,0),\vec{u}(0,1))$
    (d) $(A(0,0),\vec{u}(1,-1))$

71. (a) $(A(5,-4),\vec{u}(-2,-1))$.
    (b) $(B(-3,6),\vec{v}(-5,2))$.
    (c) $(C(3,-2),\vec{w}(1,2))$.

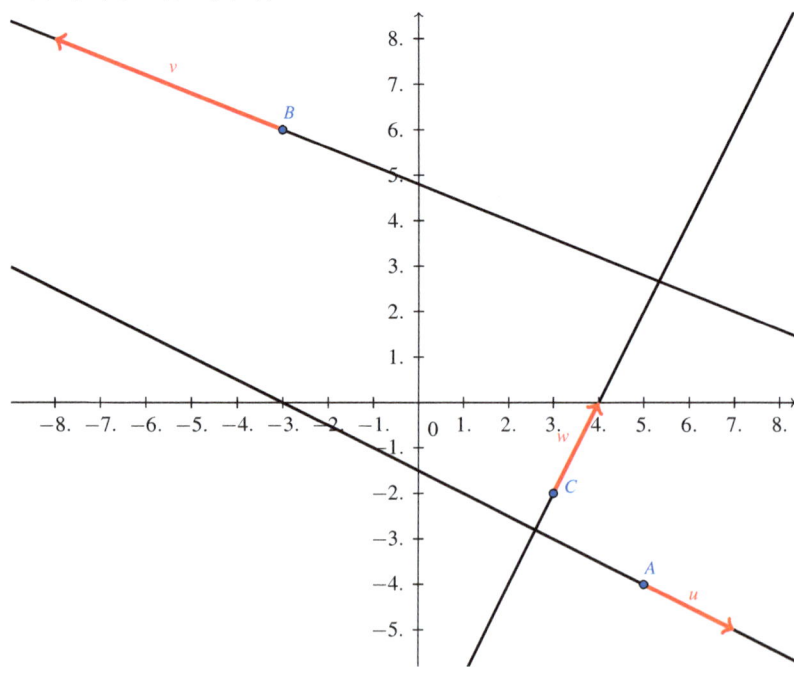

88

72. (a) $m = -\frac{3}{2}$ (b) $m = 1$

73. (a) $(1, \frac{1}{3})$ (b) $(1, -2)$ (c) $(1, 0)$ (d) $(1, -\frac{3}{5})$

74. (a) $m = \frac{-2}{5}$ (c) $m = \frac{-2}{5}$ (e) $m = -2$
    (b) $m = \infty$. No se puede calcular   (d) $m = \frac{-3}{5}$ (f) $m = 30$

75. Una recta tiene infinitas determinaciones lineales para una misma recta. En cambio, sólo tienen una pendiente.

76. (a), (c) y (d) tienen la misma pendiente. Sus vectores directores son proporcionales.

77. (a) Por ejemplo, $(0,5)$, $(5,15)$ y $(1,7)$ (c) Por ejemplo, $(-5,1)$, $(-12,2)$ y $(2,0)$
    (b) Por ejemplo, $(0,2)$, $(2,0)$ y $(1,1)$ (d) Por ejemplo, $(3,3)$, $(1,2)$ y $(5,4)$

78. (a) $m = \infty$. No se puede calcular   (b) $m = 0$ (c) $m = -\frac{2}{3}$ (d) $m = \frac{3}{2}$

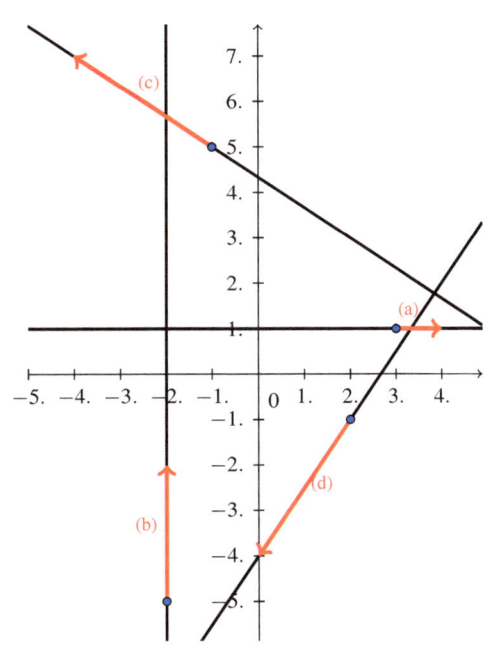

79. (a) $m = -\frac{1}{3}$ (b) $m = -\frac{5}{3}$ (c) $m = 3$ (d) $m = \frac{3}{2}$

80. (a) $\vec{u} = (-3, 2)$, $m = -\frac{2}{3}$ (b) $\vec{u} = (6, -10)$, $m = -\frac{5}{3}$

81. (a) $\vec{u} = (1, -1)$ (b) $\vec{u} = (1, -2)$ (c) $\vec{u} = (1, 0)$ (d) $\vec{u} = (1, -3)$

82. $k = -1$.

83. $k = -6$.

84. $k = -5$.

85. (a) $m = \frac{-1}{2}$, $\alpha = \arctan -\frac{1}{2} = -26°33'54,18''$

(b) $m = 2$, $\alpha = \arctan 2 = 63°26'5,82''$.

(c) $m = -3$, $\alpha = \arctan -3 = -71°33'54,18''$.

(d) $m = \frac{1}{5}$, $\alpha = \arctan \frac{1}{5} = 11°18'35,76''$.

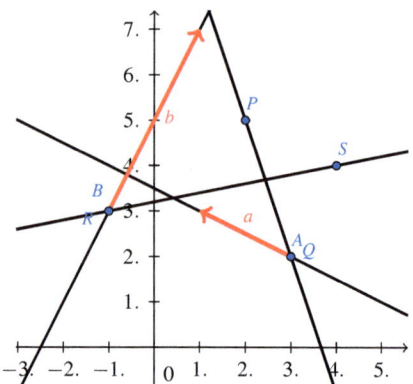

86. (a) $(A(0,0), \vec{u}(1, \tan 45°))$, $(A(0,0), \vec{u}(1,1))$

    (b) $(A(0,0), \vec{u}(1, \tan 135°))$, $(A(0,0), \vec{u}(1,-1))$

    (c) $(A(0,0), \vec{u}(1, \tan 60°))$, $(A(0,0), \vec{u}(1,\sqrt{3}))$

    (d) $(A(0,0), \vec{u}(1, \tan 150°))$, $(A(0,0), \vec{u}(1,-\frac{\sqrt{3}}{3}))$

87. (a) $A(0,2)$, $u(1,5)$, $m = 5$

    (b) $A(3,0)$, $u(0,2)$, $m = \infty$

    (c) $A(-1,1)$, $u(2,3)$, $m = \frac{3}{2}$

    (d) $A(3,1)$, $u(5,-2)$, $m = \frac{-2}{5}$

    (e) $A(3,2)$, $u(-2,1)$, $m = -\frac{1}{2}$

    (f) $A(3,-1)$, $u(2,-1)$, $m = -\frac{1}{2}$

88. (a), (c) y (d), por un lado y (b), (e) y (f) por otro.

89. (a) Sí. (b) No. (c) Sí. (d) Sí.

90. (a) $P(5,3)$, $Q(7,2)$, $R(9,1)$

    (b) $P(2,1)$, $Q(-1,3)$, $R(-4,5)$

    (c) $P(0,\frac{3}{2})$, $Q(-\frac{3}{2},0)$, $R(-\frac{1}{2},1)$

    (d) $P(1,4)$, $Q(2,9)$, $R(3,14)$

91. (a) $(2,-3)$ (b) $(12,-7)$ (c) $(-23,7)$ (d) $(22,-11)$

92. (a) No. (b) No. (c) Sí. (d) Sí.

93. (a) $k = -2$. (b) $k = -10$. (c) $k = 2$. (d) $k = 2$.

94. (a) $n = -2$ (b) $n = -4$ (c) $n = 5$ (d) $n = 3$

95. (a), (b), (c), (d), (e) y (f). No se pueden escribir en forma continua, ya que se dividiría por 0.

96. $m = -2$.

97. $(A(-2,-1), \vec{u}(5,-6))$.

98. $(1, -\frac{2}{5})$.

99. (a) $(x,y) = (1,3) + t(2,1)$
    (b) $(x,y) = (0,0) + t(-2,-4)$
    (c) $(x,y) = (-2,5) + t(3,6)$
    (d) $(x,y) = (1,0) + t(3,0)$

100. (a) $\begin{cases} x = -2 + 4t \\ y = 3 - t \end{cases}$
     (b) $\begin{cases} x = -3 - 2t \\ y = 1 - 7t \end{cases}$
     (c) $\begin{cases} x = -2 - 3t \\ y = -1 \end{cases}$
     (d) $\begin{cases} x = 6 + t \\ y = -8 - 5t \end{cases}$

101. (a) $(x,y) = (2,-1) + t(3,2),\ \begin{cases} x = 2 + 3t \\ y = -1 + 2t \end{cases}$
     (b) $(x,y) = (-5,-3) + t(7,-5),\ \begin{cases} x = -5 + 7t \\ y = -3 - 5t \end{cases}$
     (c) $(x,y) = (0,0) + t(1, -\frac{5}{2}),\ \begin{cases} x = t \\ y = -\frac{5}{2}t \end{cases}$
     (d) $(x,y) = (-2,1) + t(-1,3),\ \begin{cases} x = -2 - t \\ y = 1 + 3t \end{cases}$

102. (a) $\dfrac{x-2}{3} = \dfrac{y+1}{2};\ y+1 = \frac{2}{3}(x-2)$.
     (b) $\dfrac{x+5}{7} = \dfrac{y+3}{-5};\ y+3 = \frac{-5}{7}(x+5)$.
     (c) $\dfrac{x}{1} = \dfrac{y}{-\frac{5}{2}};\ y = -\frac{5}{2}x$.
     (d) $\dfrac{x+2}{-1} = \dfrac{y-1}{3};\ y-1 = -3(x+2)$.

103. (a) A, no; B, no; C, sí; D, no; $P(5,6)$, $\vec{u}(-1,3)$, $m = -3$.
     (b) A, no; B, no; C, no; D, sí; $P(-2,1)$, $\vec{u}(3,6)$, $m = 2$, $(x,y) = (-2,1) + (3,6)t$.
     (c) A, no; B, sí; C, no; D, no; $P(3,-2)$, $\vec{u}(-9,2)$, $m = -\frac{2}{9}$.
     (d) A, sí; B, no; C, no; D, no; $P(-1,2)$, $\vec{u}(1, \frac{1}{3})$.

104. Los miembros de cada igualdad están divididos por las componentes del vector director.

     (a) $\vec{u}(1,2)$
     (b) $\vec{u}(1,1)$
     (c) $\vec{u}(-2,1)$
     (d) $\vec{u}(1,1)$

105. (a) Está en forma continua.
     (b) No está en forma continua. $\dfrac{x-1}{\frac{3}{5}} = \dfrac{y + \frac{2}{3}}{-\frac{2}{3}}$
     (c) No está en forma continua. $\dfrac{x + \frac{3}{2}}{1} = \dfrac{y-1}{5}$
     (d) Está en forma continua.

106. (a) General o implícita: $3x - 2y - 1 = 0$, Explícita: $y = \frac{3}{2}x - \frac{1}{2}$
     (b) General o implícita: $-2x - 5y + 13 = 0$, Explícita: $y = \frac{-2}{5}x + \frac{13}{5}$
     (c) General o implícita: $-x + 3y - 1 = 0$, Explícita: $y = \frac{1}{3}x + \frac{1}{3}$
     (d) General o implícita: $-4x + 3y + 26 = 0$, Explícita: $y = \frac{4}{3}x - \frac{26}{3}$
     (e) General o implícita: $x - 3y + 3 = 0$, Explícita: $y = \frac{1}{3}x + 1$
     (f) General o implícita: $2x - y - 7 = 0$, Explícita: $y = 2x - 7$

107. (a) General o implícita: $x + 2y - 9 = 0$, Explícita: $y = \frac{-1}{2}x + \frac{9}{2}$
     (b) General o implícita: $-3x - 3y + 3 = 0$, Explícita: $y = -x + 1$
     (c) General o implícita: $3x - y + 5 = 0$, Explícita: $y = 3x + 5$
     (d) General o implícita: $x + 2y - 17 = 0$, Explícita: $y = \frac{-1}{2}x + \frac{17}{2}$

108. Vectorial: $(x,y)=(-7,0)+t(-5,2)$, Paramétricas: $\begin{cases} x = -7+-5t \\ y = 2t \end{cases}$, Continua: $\frac{x+7}{-5}=\frac{y}{2}$, Punto-pendiente: $y=\frac{2}{-5}(x+7)$, General o implícita: $2x+5y+14=0$, Explícita: $y=\frac{-2}{5}x-\frac{14}{5}$

109. (a) No. (b) Sí. (c) Sí. (d) Sí. (e) No. (f) No.

110. (a) A, no; B, no; C, no; D, sí. (c) A, no; B, sí; C, no; D, no.
 (b) A, no; B, no; C, no; D, no. (d) A, no; B, no; C, sí; D, no.

111. (a) $2x+y-2=0$ (c) $2x+4y+5=0$ (e) $x-y+1=0$
 (b) $3x+y=0$ (d) $-x+2y+4=0$ (f) $-2x+3y-1=0$

112. (a) $m=3$ (b) $m=-2$ (c) $m=1$ (d) $m=2$

113. (a) Falso.
 (b) Verdadero.

114. (a) Vectorial: $(x,y)=(3,-1)+t(-1,-2)$, Paramétricas: $\begin{cases} x = 3-t \\ y = -1-2t \end{cases}$, Continua: $\frac{x-3}{-1}=\frac{y+1}{-2}$, Punto-pendiente: $y+1=2(x-3)$, General o implícita: $-2x+y+7=0$, Explícita: $y=2x+5$

 (b) Vectorial: $(x,y)=(0,3)+t(-5,1)$, Paramétricas: $\begin{cases} x = -5t \\ y = 3+t \end{cases}$, Continua: $\frac{x}{-5}=\frac{y-3}{1}$, Punto-pendiente: $y-3=\frac{-1}{5}x$, General o implícita: $x+5y-15=0$, Explícita: $y=\frac{-1}{5}x+3$

 (c) Vectorial: $(x,y)=(2,3)+t(6,3)$, Paramétricas: $\begin{cases} x = 2+6t \\ y = 3+3t \end{cases}$, Continua: $\frac{x-2}{6}=\frac{y-3}{3}$, Punto-pendiente: $y-3=\frac{3}{6}(x-2)$, General o implícita: $3x-6y+12=0$, Explícita: $y=\frac{3}{6}x+4$

 (d) Vectorial: $(x,y)=(0,0)+t(1,4)$, Paramétricas: $\begin{cases} x = t \\ y = 4t \end{cases}$, Continua: $x=\frac{y}{4}$, Punto-pendiente: $y=4x$, General o implícita: $4x-y=0$, Explícita: $y=4x$

115. (a) Vectorial: $(x,y)=(-3,2)+t(1,-2)$, Paramétricas: $\begin{cases} x = -3+t \\ y = 2-2t \end{cases}$, Continua: $x+3=\frac{y-2}{-2}$, Punto-pendiente: $y-2=-2(x+3)$, General o implícita: $-2x-y-4=0$, Explícita: $y=-2x+8$

 (b) Vectorial: $(x,y)=(1,4)+t(1,5)$, Paramétricas: $\begin{cases} x = 1+t \\ y = 4+5t \end{cases}$, Continua: $x-1=\frac{y-4}{5}$, Punto-pendiente: $y-4=5(x-1)$, General o implícita: $5x-y-1=0$, Explícita: $y=5x+1$

 (c) Vectorial: $(x,y)=(1,3)+t(5,2)$, Paramétricas: $\begin{cases} x = 1+5t \\ y = 3+2t \end{cases}$, Continua: $\frac{x-1}{5}=\frac{y-3}{2}$, Punto-pendiente: $y-3=\frac{2}{5}(x-1)$, General o implícita: $2x-5y+13=0$, Explícita: $y=\frac{2}{5}x+\frac{13}{5}$

 (d) Vectorial: $(x,y)=(-1,-5)+t(1,-2)$, Paramétricas: $\begin{cases} x = -1+t \\ y = -5-2t \end{cases}$, Continua: $x+1=\frac{y+5}{-2}$, Punto-pendiente: $y+5=-2(x+1)$, General o implícita: $-2x-y-7=0$, Explícita: $y=-2x-7$

116. (a) $A(0,0)$, $B(1,0)$ y $C(2,0)$; $\vec{u}(1,0)$; $m=0$. Vectorial: $(x,y)=(0,0)+t(1,0)$, Paramétricas: $\begin{cases} x=t \\ y=0 \end{cases}$, Punto-pendiente: $y=0$, General o implícita: $y=0$, Explícita: $y=0$

(b) $A(0,0)$, $B(0,1)$ y $C(0,2)$; $\vec{u}(0,1)$; $m=\infty$. Vectorial: $(x,y)=(0,0)+t(0,1)$, Paramétricas: $\begin{cases} x=0 \\ y=t \end{cases}$, General o implícita: $x=0$, Explícita: $x=0$

(c) $A(0,0)$, $B(1,1)$ y $C(2,2)$; $\vec{u}(1,1)$; $m=1$. Vectorial: $(x,y)=(0,0)+t(1,1)$, Paramétricas: $\begin{cases} x=t \\ y=t \end{cases}$, Continua: $x=y$, Punto-pendiente: $y=x$, General o implícita: $x-y=0$, Explícita: $y=x$

(d) $A(0,0)$, $B(1,-1)$ y $C(2,-2)$; $\vec{u}(1,-1)$; $m=-1$. Vectorial: $(x,y)=(0,0)+t(1,-1)$, Paramétricas: $\begin{cases} x=t \\ y=-t \end{cases}$, Continua: $x=\frac{y}{-1}$, Punto-pendiente: $y=-x$, General o implícita: $-x-y=0$, Explícita: $y=-x$

117. (a) $y-2=-0{,}5774(x-3)$ (b) $y-2=(x-3)$ (c) $y-2=-1{,}7321(x-3)$ (d) $y-2=-(x-3)$

118. Lado $\overline{AB}$: $\begin{cases} x=3+5t \\ y=1-3t \end{cases}$

Lado $\overline{AC}$: $\begin{cases} x=-2 \\ y=-1-5t \end{cases}$

Lado $\overline{BC}$: $\begin{cases} x=-2-5t \\ y=-1-2t \end{cases}$

119. $y+2=\frac{-2}{3}(x-5)$

120. $\frac{x}{2}=\frac{y}{5}$

121. (a) Sí. (b) No, es paralela a un eje (c) No, es paralela a un eje

122. (a) Vectorial: $(x,y)=(-1,0)+t(-3,-5)$, Paramétricas: $\begin{cases} x=-1-3t \\ y=-5t \end{cases}$, Continua: $\frac{x+1}{-3}=\frac{y}{-5}$, Punto-pendiente: $y=\frac{5}{3}(x+1)$, General o implícita: $-5x+3y-5=0$, Explícita: $y=\frac{5}{3}x+\frac{5}{3}$. C no pertenece a la recta.

(b) Vectorial: $(x,y)=(1,2)+t(1,3)$, Paramétricas: $\begin{cases} x=1+t \\ y=2+3t \end{cases}$, Continua: $x-1=\frac{y-2}{3}$, Punto-pendiente: $y-2=3(x-1)$, General o implícita: $3x-y-1=0$, Explícita: $y=3x+1$. C sí pertenece a la recta.

123. (a) $y=4$ (b) $y=-3x+1$ (c) $y=-5x+3$ (d) $y=\frac{-1}{2}x$

124. $y=x$

125. (a) $12x+15y-78=0$ (d) $-8x+3y+43=0$
(b) $5x-y+3=0$ (e) $3x-y-21=0$
(c) $-1{,}7321x-y-10{,}9282=0$ (f) $x-y+4=0$

126. Vectorial: $(x,y) = (-6,-1) + t(4,-5)$, Paramétricas: $\begin{cases} x = -6 + 4t \\ y = -1 - 5t \end{cases}$, Continua: $\frac{x+6}{4} = \frac{y+1}{-5}$, Punto-pendiente: $y + 1 = \frac{-5}{4}(x+6)$, General o implícita: $-5x - 4y - 34 = 0$, Explícita: $y = \frac{-5}{4}x + \frac{-34}{4}$

127. (a) $(A(-1,1), \vec{u}(2,3))$, $m = \frac{3}{2}$. Vectorial: $(x,y) = (-1,1) + t(2,3)$, Paramétricas: $\begin{cases} x = -1 + 2t \\ y = 1 + 3t \end{cases}$, Continua: $\frac{x+1}{2} = \frac{y-1}{3}$, Punto-pendiente: $y - 1 = \frac{3}{2}(x+1)$, General o implícita: $3x - 2y + 5 = 0$, Explícita: $y = \frac{3}{2}x + \frac{5}{2}$

   (b) $(A(0,1), \vec{u}(1,4))$, $m = 4$. Vectorial: $(x,y) = (0,1) + t(1,4)$, Paramétricas: $\begin{cases} x = t \\ y = 1 + 4t \end{cases}$, Continua: $x = \frac{y-1}{4}$, Punto-pendiente: $y - 1 = 4x$, General o implícita: $4x - y + 1 = 0$, Explícita: $y = 4x + 1$

   (c) $(A(-3,5), \vec{u}(2,-6))$, $m = -3$. Vectorial: $(x,y) = (-3,5) + t(2,-6)$, Paramétricas: $\begin{cases} x = -3 + 2t \\ y = 5 + -6t \end{cases}$, Continua: $\frac{x+3}{2} = \frac{y-5}{-6}$, Punto-pendiente: $y - 5 = -3(x+3)$, General o implícita: $-6x - 2y - 8 = 0$, Explícita: $y = -3x + 4$

   (d) $(A(\frac{1}{2},0), \vec{u}(6,-2))$, $m = -\frac{1}{3}$. Vectorial: $(x,y) = (\frac{1}{2},0) + t(6,-2)$, Paramétricas: $\begin{cases} x = \frac{1}{2} + 6t \\ y = -2t \end{cases}$, Continua: $\frac{x - \frac{1}{2}}{6} = \frac{y}{-2}$, Punto-pendiente: $y = \frac{-2}{6}(x - \frac{1}{2})$, General o implícita: $-2x - 6y + 1 = 0$, Explícita: $y = \frac{-2}{6}x + \frac{1}{6}$

   (e) $(A(4,0), \vec{u}(7,-3))$, $m = -\frac{3}{7}$. Vectorial: $(x,y) = (4,0) + t(7,-3)$, Paramétricas: $\begin{cases} x = 4 + 7t \\ y = -3t \end{cases}$, Continua: $\frac{x-4}{7} = \frac{y}{-3}$, Punto-pendiente: $y = \frac{-3}{7}(x-4)$, General o implícita: $-3x - 7y + 12 = 0$, Explícita: $y = \frac{-3}{7}x + \frac{12}{7}$

   (f) $(A(0,-8), \vec{u}(1,3))$, $m = 3$. Vectorial: $(x,y) = (0,-8) + t(1,3)$, Paramétricas: $\begin{cases} x = t \\ y = -8 + 3t \end{cases}$, Continua: $x = \frac{y+8}{3}$, Punto-pendiente: $y + 8 = 3x$, General o implícita: $3x - y - 8 = 0$, Explícita: $y = 3x - 8$

128. (a) Ambas tienen el mismo vector director, por lo que tienen la misma dirección. Además, el punto $(2,-3)$ de la recta r, también pertenece a s, así que son coincidentes.

   (b) Ambas tienen la misma pendiente, por lo que tienen la misma dirección, pero como la ordenada en el origen es diferente, son paralelas.

   (c) Son coincidentes ya que la ecuación de s es la de r multiplicada por -2.

   (d) Son paralelas, ya que tienen los coeficientes (A,B) proporcionales pero no los (A,B,C).

129. Paralelas o coincidentes. Secantes.

130. (a) $a = -8$ (b) $a = 3$ (c) $a = -4$ (d) $a = 4$

131. (a) Secantes, vectores directores no proporcionales.

   (b) Paralelas, vectores directores proporcionales.

   (c) Secantes, vectores directores no proporcionales.

   (d) Secantes, vectores directores no proporcionales.

132. (a) $a = \frac{2}{3}$ (b) $a \neq \frac{2}{3}$

133. (a) Secantes.

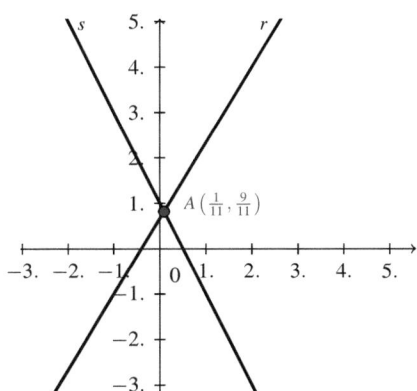

(c) Secantes

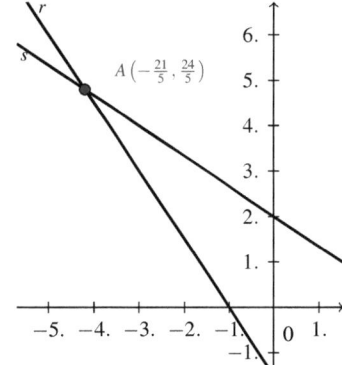

(b) Paralelas

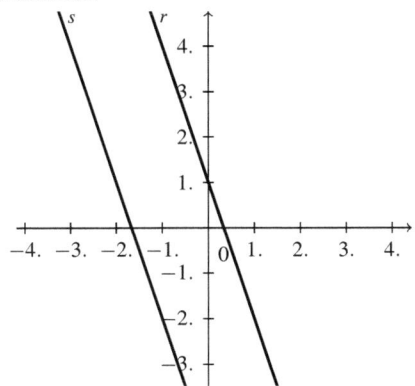

(d) Secantes

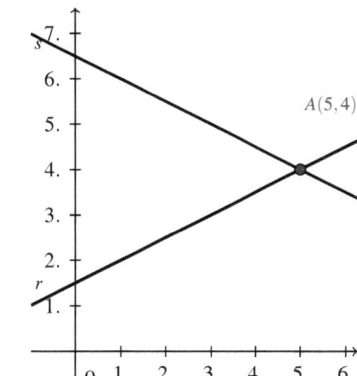

134. (a) Secantes. Punto de corte $\left(-\frac{24}{5}, 4\right)$

(b) Coincidentes.

(c) Secantes. Punto de corte $\left(-\frac{1}{3}, 0\right)$

(d) Secantes. Punto de corte $\left(-\frac{29}{5}, \frac{-41}{5}\right)$

135. (a) $a = -6$. Paralelas, no coincidentes

(b) $a = 4$. Paralelas, no coincidentes

136. (a) Secantes. Punto de corte $\left(-\frac{1}{6}, -\frac{1}{2}\right)$

(b) Paralelas, no coincidentes

(c) Paralelas, no coincidentes

(d) Secantes. Punto de corte $\left(-\frac{9}{10}, \frac{7}{10}\right)$

(e) Paralelas, no coincidentes

(f) Secantes. Punto de corte $\left(-\frac{9}{19}, \frac{13}{19}\right)$

(g) Secantes. Punto de corte $(-7, 2)$

(h) Secantes. Punto de corte $\left(\frac{1}{10}, \frac{1}{6}\right)$

(i) Paralelas, no coincidentes

(j) Coincidentes

137. No, ambos casos son imposibles.

138. (a) Secantes. Puntos de corte $\left(0, \frac{1}{2}\right)$ y $\left(\frac{1}{3}, 0\right)$.

(b) Secantes. Puntos de corte $(0, -1)$ y $\left(\frac{1}{6}, 0\right)$.

(c) Secantes. Puntos de corte $\left(0, \frac{-11}{5}\right)$ y $\left(\frac{-11}{2}, 0\right)$.

(d) Secantes. Puntos de corte $\left(0, -\frac{1}{2}\right)$ y $(-1, 0)$.

139. (a) $D(-3, 1)$.

(b) Puntos medios de AB y CD: $y = -2x + 1$. Puntos medios de BC y DA: $y = \frac{2}{3}x + \frac{5}{3}$

(c) $(-1, 1)$

140. Eje X: $\frac{2}{3}$. Eje Y: 10.

141. Vértices: $(-6,0)$, $(2,4)$ y $(4,-2)$

142. (a) $\overline{AB}: -3x+8y+23=0$, $\overline{AC}: -7x+3y-9=0$ y $\overline{BC}: 4x+5y-15=0$

   (b) $\overline{APM_{BC}}: -5x+\frac{11}{2}y+7=0$, $\overline{BPM_{AC}}: -\frac{1}{2}x-\frac{13}{2}y-4=0$ y $\overline{CPM_{AB}}: \frac{11}{2}x+y-3=0$

   (c) $\left(\frac{2}{3},-\frac{2}{3}\right)$

143. (a) No forman triángulo

   (b) Baricentro $\left(\frac{4}{3},\frac{8}{3}\right)$

144. (a) Sin solución. Rectas paralelas.   (d) Infinitas soluciones. Rectas coincidentess

   (b) Solución única. Rectas secantes.

   (c) Solución única. Rectas secantes.   (e) Solución única. Rectas secantes.

145. Las ecuaciones de las diagonales son $x+y+2=0$ (diagonal $\overline{AC}$) y $-x+5y=-1$ (diagonal $\overline{BD}$), que se cortan en el punto $\left(-\frac{3}{2},-\frac{1}{2}\right)$, que es el punto medio de ambas diagonales.

146. $-x+2y=0$.

147. (a) Lado $\overline{AB}$: $x+2y-6=0$

   Lado $\overline{BC}$: $2x+y-9=0$

   Lado $\overline{CD}$: $x+2y-3=0$

   Lado $\overline{DA}$: $2x+y-6=0$

   Han de ser paralelas dos a dos. Lo son, ya que los coeficientes (A,B) de cada pareja de lados coincide.

   (b) Diagonal $\overline{AC}$: $x+y-4=0$

   Diagonal $\overline{BD}$: $-x+y+3=0$

   (c) $\left(\frac{-1}{2},\frac{-7}{2}\right)$

www.ingramcontent.com/pod-product-compliance
Lightning Source LLC
Chambersburg PA
CBHW060813010526
44117CB00002B/23